AF638564

JETZT NÄH ICH!

SHIRTS, HOODIES & KLEIDER

Benedicta
Schlegel

JETZT NÄH ICH!

SHIRTS, HOODIES & KLEIDER

KINDERNÄHSCHULE

Tolle Projekte aus Baumwolle
und Jersey in den Größen 128–164
Mit 6 Schnittmusterbogen

EIN BUCH DER
EDITION MICHAEL FISCHER

INHALT

S. 22

S. 30

S. 54

S. 46

S. 74

S. 82

VORWORT

Hallo,

hast du Lust, deine Kleider selber zu nähen? Mit diesem Buch schaffst du das!

Im Kapitel „Kindernähschule“ erfährst du alles über die Grundlagen des Nähens. Und im Anschluss findest du ganz viele tolle Modelle zum Selbernähen.

Die Schnittmuster habe ich extra entwickelt, und mit schönen, von dir ausgesuchten Stoffen entstehen ganz besondere Kleidungsstücke. Als ich klein war habe ich auch mit Begeisterung genäht und von einem Buch wie diesem geträumt! Schritt für Schritt zeige ich dir, wie es geht.

Ich lade dich ein in die Welt des Nähens, denn Nähen macht so viel Spaß. Das beobachte ich auch in meiner Nähschule. Meine Schüler sind ganz glücklich und stolz, wenn sie nach dem Kurs ihr Werk in den Händen halten. Und wie wird es dir erst ergehen, wenn du deine selbstgenähten Modelle direkt anziehen kannst?

Jetzt wünsche ich dir viel Spaß mit diesem Buch und ganz viel Freude beim Nähen!

Deine Benedicta

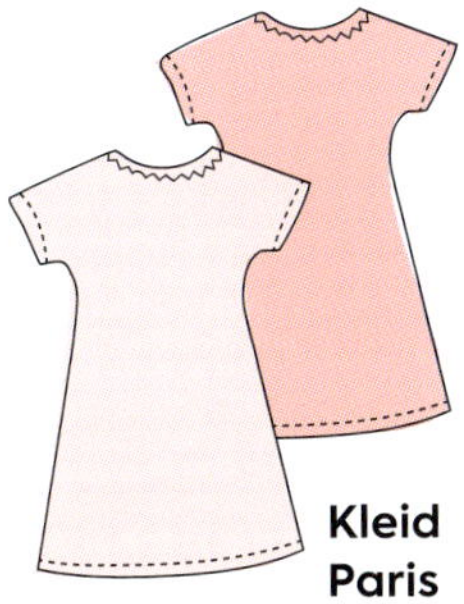

Kleid
Paris

Kleid
Athena

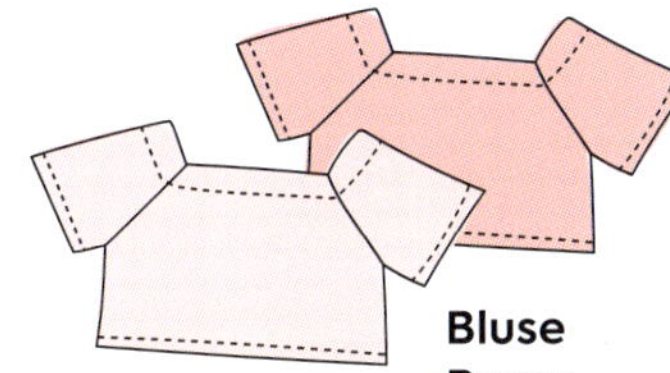

Bluse
Berry

Jerseyrock
Chicago

Tunika
Tahiti

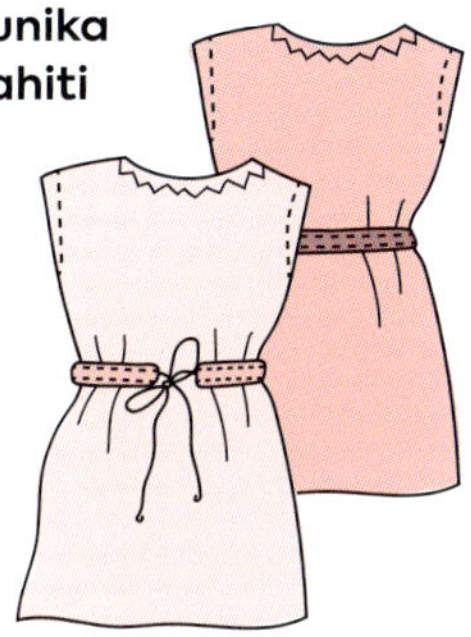

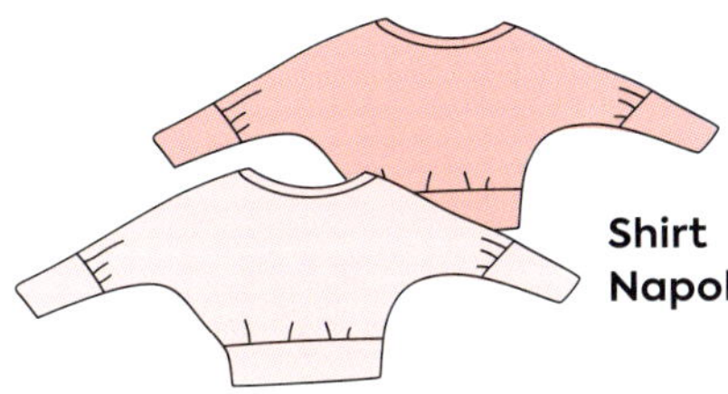

Shirt
Napoli

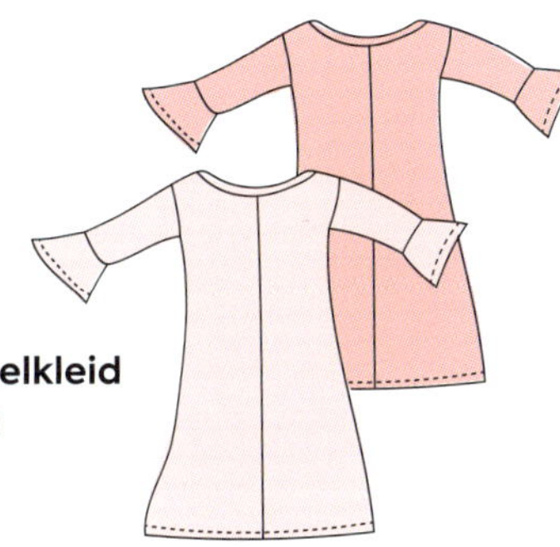

Ringelkleid
Split

T-Shirt
Tiffany

Trägerkleid
Tomato

Hoodiekleid
Florida

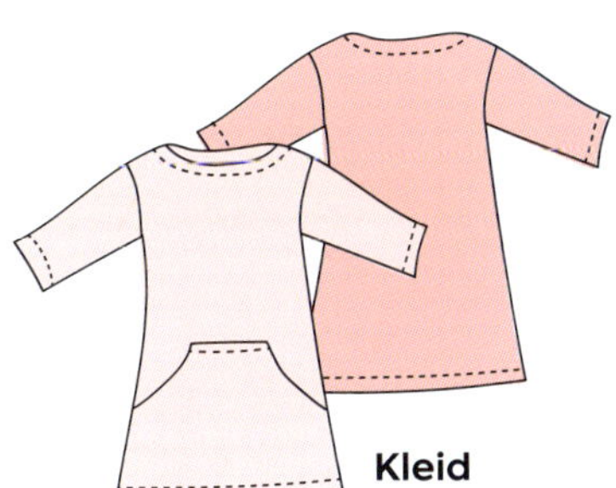

Kleid
Kurkuma

Hoodie
Husum

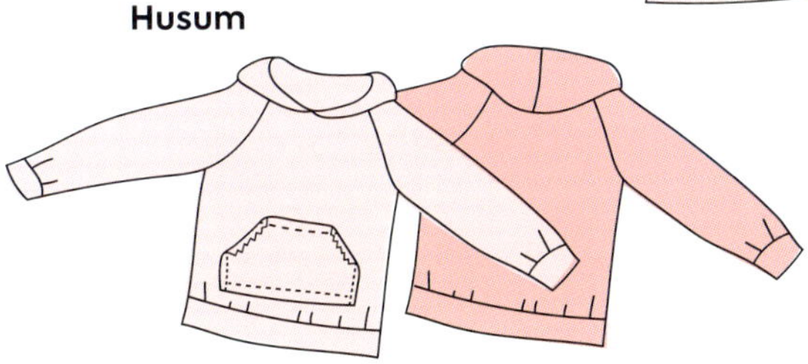

Kleid
Singapur

WAS DU BRAUCHST

DIE NÄHMASCHINE

1. Nähfuß
2. Nadel
3. Sticheinstellung
4. Handrad
5. Rückwärtsgang
6. Fadenhebel
7. Spule mit Unterfaden
8. Stichplatte
9. Hebel für Nähfuß
10. **a.+b.** Aufspulvorrichtung
11. Oberfaden
12. Fußpedal

1. transparentes Papier zum Durchpausen der Schnitte
2. Bleistift
3. Geodreieck zum Einzeichnen der Nahtzugabe
4. Papierschere
5. Stoffschere
6. spitze kleine Schere, die brauchst du an der Nähmaschine
7. Gewichte, um den Schnitt zu beschweren
8. Markierungsstift für Punkte innerhalb des Schnittes
9. Maßband
10. Stäbchen (als Wendehilfe)
11. Bügeleisen
12. Stecknadeln
13. Stoffklammern

GRUNDLAGEN

DIE KINDERNÄHSCHULE

KLEINE STOFFKUNDE

Hier eine Übersicht der wichtigsten Stoffe und was du daraus nähen kannst:

Baumwollstoffe gibt es in unzähligen Variationen: einfarbig oder gemustert, dünn oder dick. Wenn du Anfängerin bist, kann ich dir diese Stoffe sehr empfehlen.

Batist ist ein sehr feinfädiger, leichter Stoff, der vorwiegend aus Baumwolle, Leinen, teilweise aber auch aus Chemiefaser, Seide oder Viskose gewebt sein kann. Er ist etwas transparent. Damit kannst du luftige Sommerkleider und Blusen nähen.

Canvas wird ein aus starkem Garn dicht und fest gewebter Stoff genannt. Canvas wird aus Naturfasern wie Baumwolle, Hanf, Leinen, aber auch gemischt mit verschiedenen Kunstfasern hergestellt. Es gibt unterschiedliche Webarten und Stärken. Dieses Material eignet sich für schmale Kleider oder Röcke.

Popeline ist ein dichtes, fein geripptes Gewebe aus verschiedenen Garnen (Baumwoll-, Leinen-, Woll- oder Kunstfasergarnen). Dieser Stoff ist strapazierfähig und knittert kaum. Popeline ist wunderbar geeignet für Kleider und Blusen.

Leinen ist ein Gewebe aus der Flachsfaser. Es gibt Vollleinen aus 100 % Flachs und Halbleinen aus Baumwolle mit mindestens 40-prozentigem Anteil von Flachsfasern.
Leinenstoffe sind schön für Blusen, Hosen und Kleider, knittern aber leicht.

Seersucker ist ein toller Sommerstoff mit einer interessanten, blasenartigen Struktur, der nicht gebügelt werden muss. Meist ist Seersucker aus Baumwolle. Aus ihm kannst du wunderbare Kleider nähen.

Jersey ist ein weicher, dehnbarer Strickstoff und eignet sich prima für T-Shirts und Sweatshirts. Oft wird Single-Jersey verwendet. Dieser Stoff besteht aus Baumwolle und Elasthan. Viskosejersey hat einen weichen Fall und seidigen Glanz.

Alpenfleece ist ein Doubleface-Stoff, der außen weich und innen flauschig ist. Er besteht aus Baumwolle, Polyester und Elasthan. Dieser Stoff eignet sich perfekt für Hoodies.

Rippenjersey sind Bündchenstoffe. Es gibt ihn als Schlauch- oder Meterware. Achte auf einen Anteil an Elasthan, sonst leiern die Bündchen schnell aus. Bündchenstoffe gibt es in groben und feinen Strukturen. Sie eignen sich als Hals- und Saumbündchen für Sweatshirts.

DIE STOFFE

Beachte: Stoffe schrumpfen beim Waschen. Damit das nicht nachträglich passiert, wenn dein Modell fertig genäht ist, müssen die Stoffe vor dem Zuschnitt gewaschen werden. So hast du die Sicherheit, dass dein genähtes Teil auch noch nach dem Waschen gleich groß ist wie vorher.

DIE SCHNITTMUSTER

Zum Kochen braucht man ein Rezept, beim Nähen ist es das Schnittmuster. Wenn man ein gutes Schnittmuster hat, kann man es immer wieder verwenden. Sobald du einen neuen Stoff verwendest, wirkt das Modell trotz gleichem Schnitt wieder ganz anders.

Wichtig: Papier schneidest du mit einer einfachen Papierschere, Stoff wird mit einer Stoffschere geschnitten. Bitte niemals die Stoffschere für Papier verwenden, sie wird sonst stumpf!

Nahtzugabe

Die Nahtzugabe ist der Abstand zwischen der eigentlichen Naht und der Schnittkante.

Der Zuschnitt ist ringsherum größer als das fertige Teil. Du brauchst diese Zugabe für die Naht. Ist die Nahtzugabe zu gering, könnte die Naht aufgehen, weil der Stoff zu knapp gefasst wurde.

Achtung: Alle Schnittteile in diesem Buch enthalten bereits eine Nahtzugabe. Diese ist im Normalfall 1 cm, bei Rundungen aber nur 7 mm. Da liegt die Naht einfach schöner, und unten am Saum oder auch am Ärmelsaum ist der Einschlag manchmal auch breiter. Wie viel Nahtzugabe im Schnitt ist, steht bei jedem Modell dabei.

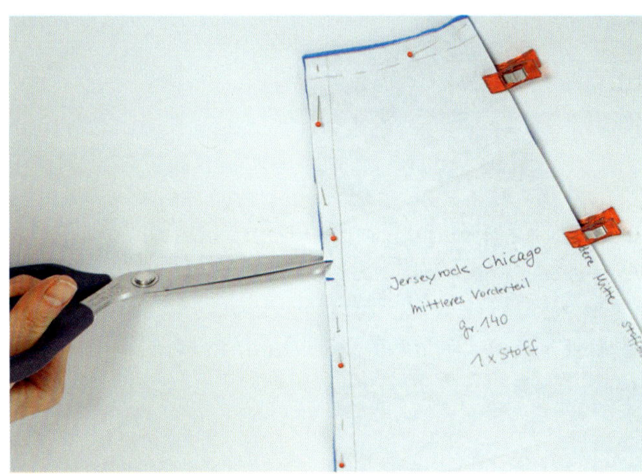

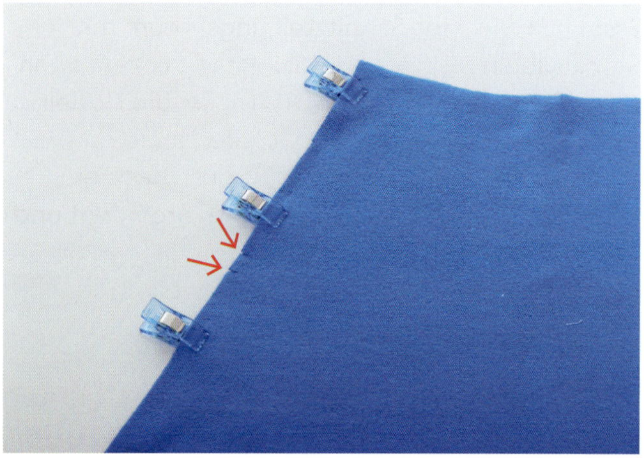

Knipse

In der Schnittvorlage findest du immer wieder einen kurzen Strich am Nahtzugabenrand (siehe S. 11). Das sind wichtige Markierungen der Schnittmacherin, sogenannte Knipse. Diese überträgst du auf deinen Schnitt und machst dann mit der Schere einen kleinen Keileinschnitt an diesen Stellen. Beim Zuschnitt schneidest du zart mit der Scherenspitze in diesen Knips, sodass die Information auch auf deinen Stoff übertragen wird.

Die Knipse haben unterschiedliche Funktionen:
Knipse als Markierung: Sie sagen dir, wo etwas umgeknickt wird oder wo etwas angesetzt wird, z. B. ein Träger.

Knipse, um korrekt zusammenzusetzen: Wenn du eine Naht nähst, dann helfen dir die Knipse zur Orientierung. Im Vorderteil ist es immer ein Knips, und im Rückteil sind es zwei Knipse nebeneinander. Beim Einnähen müssen nun die Knipse von beiden Teilen genau aufeinandertreffen, so kannst du die Stoffteile dann korrekt zusammensetzen.

Knipse in der Nahtzugabe: Wenn die Nahtzugabe standardmäßig 1 cm ist, wird sie nicht geknipst. Ist sie aber schmaler oder breiter, machst du dir am besten einen Nahtzugaben-Knips. Der erinnert dich dann an der Nähmaschine daran, dass du bei dieser Naht mehr oder weniger abnähen musst, so breit eben wie geknipst ist.

- **Faustregel:** Knipstiefe = ½ Nahtzugabe

Auch auf Markierungen innerhalb des Schnittes musst du achten, z. B. eine Taschenposition. Diese muss auch auf deinem Schnitt sein, damit du nachher weißt, wo die Tasche aufgenäht wird. Die Markierungspunkte überträgst du am besten mit einem Markierungsstift auf deinen Stoff. Denke beim Übertragen auch an die Rückseite! Der Stoff liegt beim Zuschnitt meist doppelt!

FADENLAUF

Der Fadenlauf ist eine ganz wichtige Orientierungslinie für den Zuschnitt. Deshalb muss auf jedem Schnittteil der Fadenlauf eingezeichnet sein. Er zeigt immer mit dem Pfeil nach unten. Wenn du im Stoff ein Kopfmuster hast, dann hilft dir der Pfeil, dass du deinen Schnitt nicht falsch auflegst. Ansonsten stehen z. B. die Tiere des Musters auf dem Kopf.

DER ZUSCHNITT

Der Stoff wird nach dem Waschen so doppelt gefaltet, dass die Webkanten (= die beiden seitlichen Längskanten des Stoffes) exakt aufeinanderliegen. An der Webkante kannst du dich immer orientieren, nicht an der geschnittenen Kante, die ist oft schief.

Nun legst du dein Schnittteil so auf den Stoff, dass der Fadenlauf parallel zur Webkante ist. Du nimmst ein Maßband und misst erst oben am Schnittteil vom Fadenlauf bis zur Webkante, steckst da eine Stecknadel rein und merkst dir genau das Maß. Dann misst du unten am Schnittteil vom Fadenlauf bis zur Webkante. Der Betrag muss hier ganz genau gleich wie oben sein. Wenn nicht, dann drehst du den Schnitt nochmal, bis es passt. Nun steckst du unten auch eine Nadel rein.

Du musst dir vorstellen, dass dein Modell nachher nicht schön wird, wenn der Fadenlauf schief ist. Und wir wollen ja, dass es richtig toll wird!

Erst jetzt wird das Schnittteil ringsherum mit Stecknadeln festgesteckt. Zuerst die Ecken, dann die Strecken dazwischen. Du steckst die Nadeln mitten auf der Nahtzugabe mit drei Finger Abstand längs zu Papierkante. Achte darauf, dass dein Schnittmuster schön glatt auf dem Stoff liegt und durch die Stecknadeln gut auf dem Stoff hält, sodass es beim Zuschnitt nicht verrutscht.

Jetzt schneidest du deinen Stoff entlang der Papierschnittkante ringsherum mit der Stoffschere aus. Achte darauf, dass du nicht über eine Stecknadel schneidest.

Wenn du deinen Schnitt nun ringsherum ausgeschnitten hast, machst du an den Knipsen die kleinen Einschnitte mit der Scherenspitze. Erst jetzt ziehst du die Stecknadeln wieder heraus.

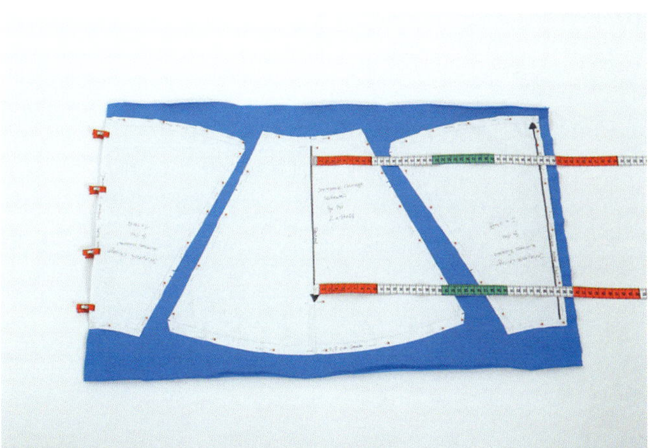

Das Schnittmuster wird im richtigen Fadenlauf auf dem Stoff fixiert.

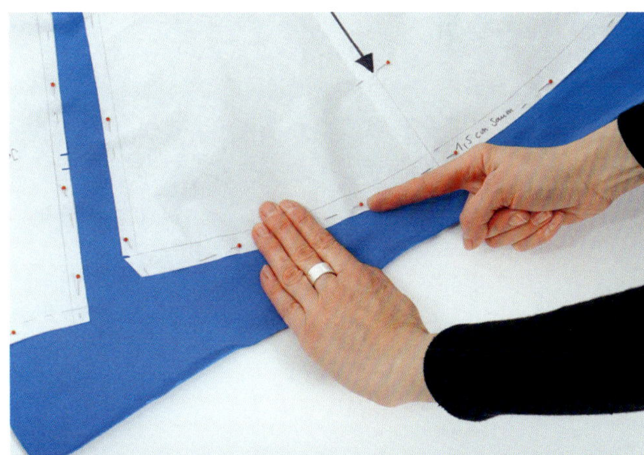

Erst jetzt wird das Schnittteil ringsherum mit Stecknadeln festgesteckt.

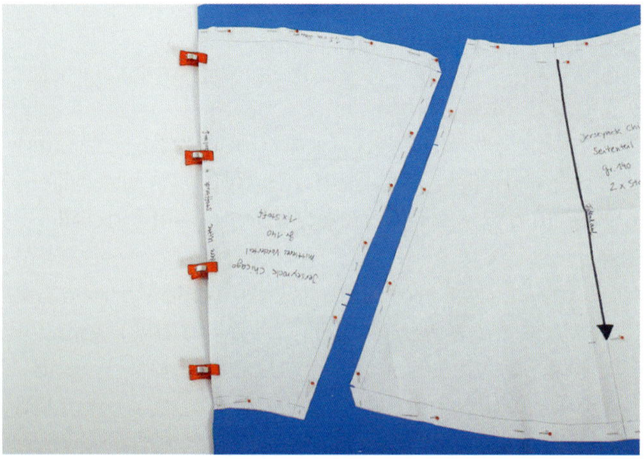

Da der Stoff beim Zuschnitt doppelt liegt, gibt es oft nur halbe Schnitte. Da steht dann an einer Kante: Stoffbruch. Das findest du auch bei meinen Schnitten in diesem Buch. Diese Kante hat keine Nahtzugabe! Sie wird direkt an den geknickten Stoff gelegt. Das machst du am besten mit den praktischen Stoffklammern. Nach dem Zuschnitt kann man den Stoff aufklappen und hat dann ein großes, gespiegeltes Teil, wie ein Schmetterling.

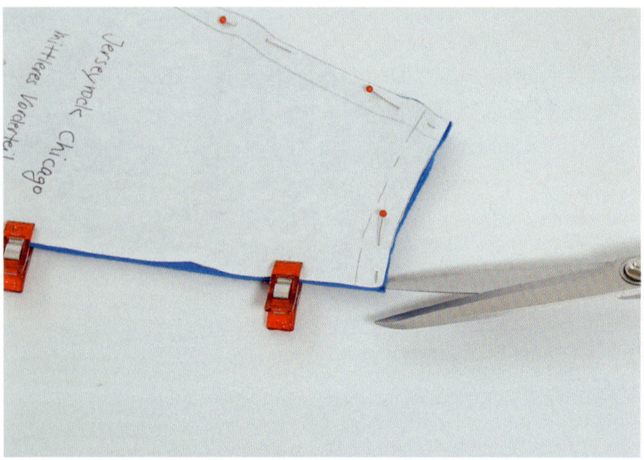

Wenn du halbe Schnittteile hast, die im Bruch zugeschnitten werden, macht es auch Sinn, diese Stellen am Bruch einzuschneiden, Das machst du immer da, wo etwas drangenäht wird, z. B. am Halsloch die vordere Mitte. Das Bündchen am Halsloch wird dann auch an der vorderen Mitte eingeschnitten. So hast du beim Nähen an beiden Teilen einen genauen Anhaltspunkt (Knips), wo die Mitte ist, das hilft dir dann sehr beim Nähen.

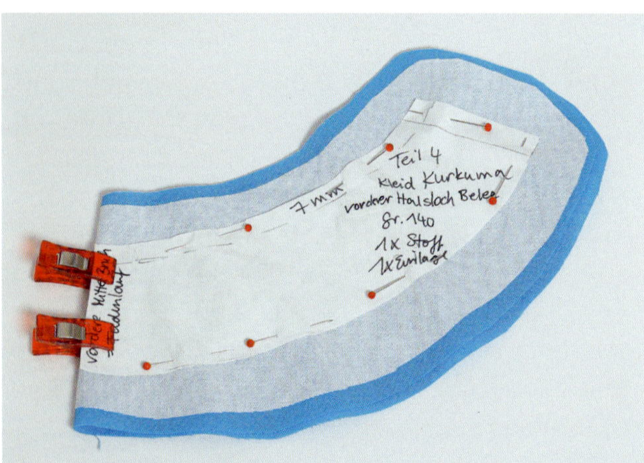

Wenn der Stoff sehr dünn ist, müssen manche Schnittteile mit Einlage verstärkt werden, dadurch wird das Teil stabiler. Du schneidest den Stoff im Grobschnitt aus, d. h. ringsherum etwas größer als der Schnitt und verstärkst den Stoff mit einer Einlage (z. B Vlieseline). Die glänzende Seite der Einlage wird nun auf die Rückseite des Stoffes gebügelt, dadurch wird der Stoff fester. Anschließend steckst du dein Schnittteil im richtigen Fadenlauf fest und machst den Feinschnitt.

DAS NÄHEN

Wenn du Stoffe zusammennähst, musst du sie schön auf schön legen. Dann steckst du die Stecknadeln, sodass das Köpfchen übersteht. An der Nähmaschine legst du den Stoff so ein, dass rechts neben dem Nähfuß Platz ist, der Hauptteil vom Stoff zeigt nach links. Du nähst immer bis kurz vor die Stecknadel, dann nimmst du den Fuß vom Pedal, ziehst die Nadel raus, dann geht es wieder weiter. Versuche nicht, über Stecknadeln zu nähen. Du kannst auch Stoffklammern verwenden!

TIPP

Die Vorarbeit beim Nähen dauert lange, ich weiß! Aber wenn du da ganz genau arbeitest, wirst du an der Nähmaschine belohnt!

Die wichtigsten Nutzstiche

Zickzackstich:
Dieser Stich ist wichtig, damit dein Stoff nicht ausfranst. Man sieht die Naht von außen nicht, aber wenn du nicht versäuberst, würde dein Modell innen ausfransen und könnte kaputt gehen. Deshalb musst du bei festeren Stoffen die Kanten vorab mit dem Zickzackstich versäubern, bei dünneren Stoffen kannst du auch erst die Naht nähen und dann die Nahtzugabe zusammen versäubern. Ich wähle beim Versäubern gerne eine Stichbreite von

4,5mm und eine Stichlänge von 2mm. Achte darauf, dass die Nadel links in den Stoff einsticht und rechts ganz knapp außerhalb vom Stoff. Dadurch wird die Stoffkante umschlungen. An den Ecken parkst du die Nadel links im Stoff. Dann hebst du den Nähfuß, drehst den Stoff zu dir, senkst den Nähfuß wieder runter und versäuberst weiter. Wenn du ein Teil ringsherum versäubern möchtest, dann starte nicht an einer Ecke, das fällt der Nähmaschine oft schwer, sondern irgendwo an einer Kante. Am Schluss musst du ein paar Stiche vernähen.

Geradstich:
Mit diesem Stich nähst du die Einzelteile zusammen. Achte darauf, dass am Anfang und Ende immer vernäht wird. Du musst also vor- und zurücknähen, damit die Naht nicht aufgeht. Du startest mit drei Stichen vor und drei Stichen zurück. Dann nähst du deine Naht ganz normal zu Ende. Zum Schluss nähst du bis zum Stoffrand, dann wieder drei Stiche zurück und drei Stiche vor. Damit ist deine Naht gut gesichert. Wenn du vernäht hast, kannst du alle Fäden direkt am Stoff abschneiden. Vernähen ist sehr wichtig, das solltest du dir zur Gewohnheit machen!

Exakte Nahtzugabe nähen

Weil am Schnitt die Nahtzugabe hinzugegeben wurde, ist es wichtig, dass an der Nähmaschine wieder die exakte Breite der Nahtzugabe abgenäht wird.

Ich stelle beim Geradstich die Nadelposition immer mittig vom Nähfuß ein. Die Nadelposition kannst du in der Sticheinstellung auswählen.

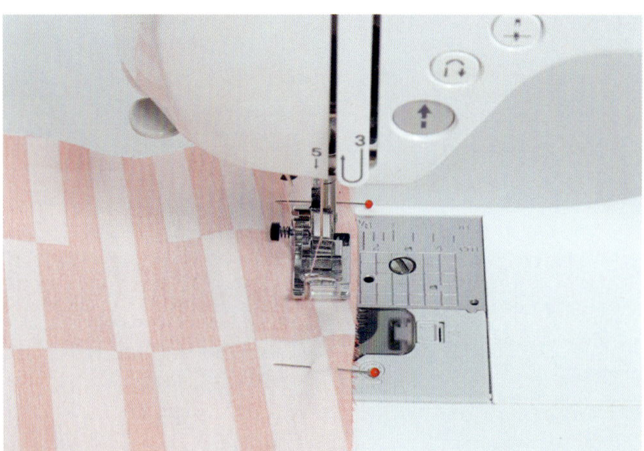

1cm Nahtzugabe = Standard
Bei vielen Nähmaschinen gibt es auf der Stichplatte eingravierte Linien rechts neben dem Nähfuß. An diesen Linien kann man den Stoff anlegen, sozusagen ein Lineal. Wer das nicht hat, kann auch einen Tesafilm aufkleben und mit einem Permanentmarker eine Linie einzeichnen. Weil du meistens eine Nahtzugabe von 1cm hast, ist es sehr praktisch, mit dieser Linie zu arbeiten.

7mm Nahtzugabe
Es ist wichtig, dass der Nähfuß beim Nähen genau am Stoffrand anliegt (=füßchenbreit), das ist ein guter Anhaltspunkt. Wenn die Nadel in der Mitte vom Nähfuß ist, hast du genau 7mm Nahtzugabe.

ABSTEPPEN

Manchmal werden Nähte nach dem Nähen in eine Richtung gebügelt und von der Außenseite knappkantig abgesteppt. Das ist optisch schön und praktisch, weil die Nahtzugabe gehalten wird und nach dem Waschen nicht gebügelt werden muss.

WICHTIGES ZUR JERSEY-VERARBEITUNG

- Die Knipse dürfen nicht zu tief sein, weil sich Einschnitte durch die Strickart gerne vergrößern.

- Verwende immer eine Jerseynadel. Sie hat eine Kugelspitze, damit sie den Stoff nicht verletzt.

- Bei Jersey ist es wichtig, den Stoff beim Nähen nicht zu dehnen, sonst wellen sich die Nähte.

- Du kannst Jersey mit der Haushaltsmaschine verarbeiten. Achte darauf, dass die Nähte elastisch sind. Deshalb verwende für diese Nähte einen elastischen Stich, z.B. einen flachen Zickzackstich. Probiere die Naht vorher immer erst an einem Stück Reststoff aus. Dehne dein Probestück und schaue, ob die Naht sich mitdehnt oder reißt. Gegebenenfalls musst du noch mal auf einen anderen Stich wechseln.

- Die Nähmaschine tut sich mit Jerseystoffen schwer, deshalb starte am besten mit dem normalen Geradstich, dann vernähst du den Anfang und erst, wenn die Nähmaschine gut transportiert, wechselst du auf den elastischen Stich.

- Die Nahtzugabe wird anschließend zusammen versäubert.

SAUM

Das ist immer unten der Abschluss von einem Kleidungsstück. Beim Ärmel spricht man dann vom „Ärmelsaum".

TIPP: Wenn du mal nicht weißt, wie die Teile beim Nähen liegen müssen, dann legst du dir erst mal alles so hin, wie es am Schluss ausschauen soll. Dann klappst du dein Nähprojekt um und kannst sehen, wie die Teile aufeinandergenäht werden müssen. Das hilft mir immer sehr.

OVERLOCK

Die Großen von euch, die schon viel Näherfahrung haben, dürfen Jersey natürlich an der Overlockmaschine nähen, wenn sie oder Mama eine haben. Die Overlockmaschine ist eine Spezialmaschine für Jersey. An der Overlock braucht man 2 Nähnadeln und 4 Fäden, dadurch sind die Nähte elastisch. Es gibt ein Messerchen, das die Kante vor dem Nähen exakt abschneidet, dadurch haben die Nähte auch von innen eine sehr schöne Optik. Die Overlock näht und versäubert in einem Arbeitsvorgang.

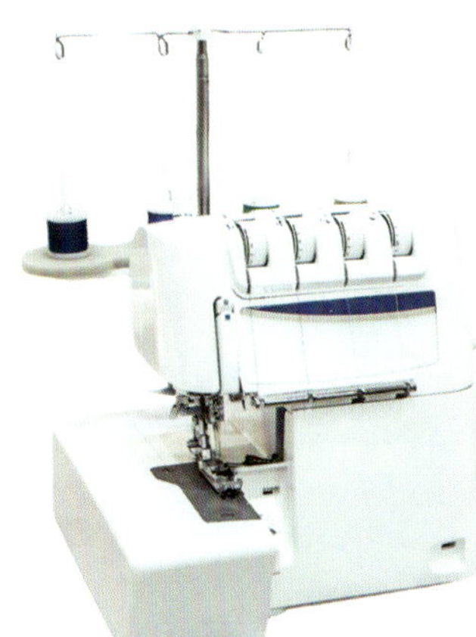

WAS DU VOR DEM NÄHEN
WISSEN SOLLTEST

Bevor du mit deinem Nähprojekt startest, möchte ich dir noch ein paar Dinge mit auf den Weg geben:

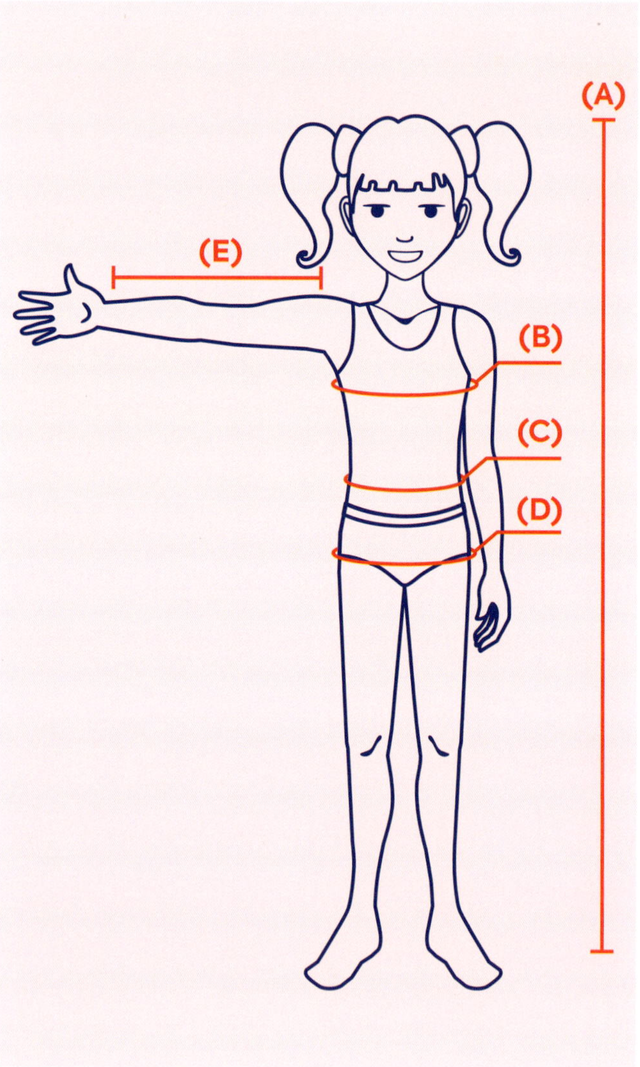

DAS AUSMESSEN DES KÖRPERS

Du startest am besten mit dem Ausmessen, damit du weißt, welche Größe du bei den Schnittmustern auswählen solltest. Dabei kann dir ein Erwachsener helfen.

So werden die jeweiligen Maße abgenommen:

(A) Körpergröße: Bei aufrechter Haltung vom Scheitel bis zur Sohle messen.

(B) Brustumfang: Das Maßband vorne auf die stärkste Stelle der Brust legen, unter den Armen hindurch, am Rücken leicht ansteigend.

(C) Taillenumfang: Gemessen wird an der schmalsten Stelle des Rumpfes.

(D) Hüftumfang: Maßband waagerecht über die stärkste Stelle vom Popo legen.

(E) Armlänge: Wird vom Schulterpunkt bis zur Handwurzel gemessen bei leicht angewinkeltem Ellbogen.

GRÖßENTABELLE

	Gr. 128	Gr. 134	Gr. 140	Gr. 146	Gr. 152	Gr. 158	Gr. 164
Körpergröße (A)	128cm	134cm	140cm	146cm	152cm	158cm	164cm
Brustumfang (B)	65cm	68cm	71cm	74cm	77cm	80cm	83cm
Taillenumfang (C)	58cm	59,5cm	61cm	63cm	65cm	67cm	69cm
Hüftumfang (D)	69cm	72cm	75cm	78,5cm	82cm	85,5cm	89cm
Armlänge (E)	44,8cm	47,3cm	49,8cm	51,8cm	53,8cm	55,8cm	57,8cm

Datum ..../......./..........

- Körpergröße: ....cm
- Brustumfang: ....cm
- Taillenumfang: ....cm
- Hüftumfang: ....cm
- Armlänge: ....cm

Datum ..../......./..........

- Körpergröße: ....cm
- Brustumfang: ....cm
- Taillenumfang: ....cm
- Hüftumfang: ....cm
- Armlänge: ....cm

Datum ..../......./..........

- Körpergröße: ....cm
- Brustumfang: ....cm
- Taillenumfang: ....cm
- Hüftumfang: ....cm
- Armlänge: ....cm

WICHTIGE INFOS ZUR VERWENDUNG DES BUCHES

Bitte lies dir die Anleitung deines Modells vor dem Nähen komplett durch und schau dir die Fotos dazu an. Dadurch kannst du dir einen guten Überblick verschaffen.

Falls du noch nicht viel Erfahrung an der Nähmaschine hast, empfehle ich dir, mit einem einfacheren Modell zu starten. Bei jedem Modell findest du oben ein entsprechendes Symbol, das dir den Schwierigkeitsgrad anzeigt. Und so kannst du dich langsam mithilfe dieses Buches steigern. Die Modelle sind nach Schwierigkeitsgrad geordnet.

Schwierigkeitsgrad

- ●○○ **leicht**
- ●●○ **fortgeschritten**
- ●●● **für Profis**

Stoffe vorher waschen

Die Stoffe müssen vor dem Zuschnitt in die Waschmaschine, weil sie fast immer einlaufen. Wenn du das erst nach dem Nähen machst, wird dein Modell kleiner. Das willst du ja nicht.

Den Stoffverbrauch findest du bei dem jeweiligen Modell. Ich verwende in diesem Buch häufig van Handel Stoffe in Bio-Qualität. Diese kann man bei www.naeh-dir-was.com bestellen.

Nahtzugabe

Die Nahtzugabe ist der Abstand zwischen der eigentlichen Naht und der Schnittkante. Bei allen Schnitten ist die Naht- und Saumzugabe bereits enthalten. Du musst nichts mehr zugeben. Wie breit die Nahtzugaben sind, findest du bei jedem einzelnen Modell in der Zuschnittanleitung.

Stoffbruch

Die mit „Stoffbruch“ markierte Kante vom Schnitt wird an die umgeknickte Kante vom Stoff gelegt. Durch den Zuschnitt erhältst du ein symmetrisches Teil. Auf Seite 14 erfährst du mehr zum Thema Stoffbruch.

Fadenlauf

Er gibt die Richtung an, in der du das Schnittteil auf den Stoff legen musst. Meist verläuft er parallel zur Webkante (dem Stoffrand mit fester Kante) und ist im Schnittmuster extra mit einem Pfeil nach unten eingezeichnet.

Knipse

Das sind ganz wichtige Markierungen auf dem Schnitt. An den Stellen, an denen Knipse sind, wird der Stoff beim Zuschnitt mit der Scherenspitze zart eingeschnitten. Somit hast du auf deinen Stoff die wichtigen Informationen übertragen. Die Knipse helfen dir beim Nähen.

Mehr zu Knipsen findest du auf Seite 12.

Schnitte

Du findest die Schnitte der einzelnen Modelle auf den beigefügten Papierbögen am Anfang und Ende des Buches. Nimm ein großes transparentes Papier und kopiere dir die Schnittteile in der passenden Größe zu deinem Modell heraus. Du willst ja vielleicht das Modell später mal in einer anderen Größe nähen.

Denk daran, die Knipse, den Fadenlauf und alle Informationen mit zu übertragen. Zeichne dir die Nahtzugabe mit dem Geodreieck ringsherum nach innen in deinen Schnitt ein. Schreibe den Modellnamen darauf, was es für ein Teil ist und die Größe. Wie oft das Schnittteil zugeschnitten werden muss, steht in der Zuschnittanleitung.

Jetzt kann es losgehen – viel Spaß!

KLEID PARIS

MIT ANGESCHNITTENEN ÄRMELN

Bei diesem Modell lernst du

- das Halsloch mit Schrägstreifen einzufassen
- ein Taillenband aus einem breiten Gummi zu nähen

Material

- Baumwollstoff, bei 140 cm Stoffbreite (Fortgeschrittene können auch Jersey verwenden):
  Gr. 128–134: 0,90 m
  Gr. 140–146: 1,80 m
  Gr. 152–164: 1,90 m
  (bei diesem Modell wurde van Handel Stoff Cotton piano print verwendet)
- 0,60 m Schrägband, farblich passend
- optional: 0,75 m Gummiband, 5 cm breit (für separates Taillenband)

Zuschnitt

- Aus Baumwollstoff:
  1x Vorderteil
  1x Rückteil

Bei allen Schnittteilen ist die Naht- und Saumzugabe bereits enthalten.
Die Nahtzugabe beträgt 1 cm, an Halsloch und Ärmelsaum aber nur 7 mm.

Gummilängen für Taillenband

	Gr. 128	Gr. 134	Gr. 140	Gr. 146	Gr. 152	Gr. 158	Gr. 164
Gummilänge für Taillenband	53 cm	54,5 cm	66 cm	68 cm	70 cm	72 cm	74 cm

Kleiderlänge

	Gr. 128	Gr. 134	Gr. 140	Gr. 146	Gr. 152	Gr. 158	Gr. 164
Länge ab Schulter	69 cm	72 cm	75 cm	78 cm	81 cm	84 cm	87 cm

1. Du legst Vorder- und Rückteil schön auf schön aufeinander und steckst eine der beiden Schulternähte mit Klammern zusammen. Jetzt nähst du dieses Stück mit dem Geradstich und versäuberst es anschließend zusammen im Zickzackstich.

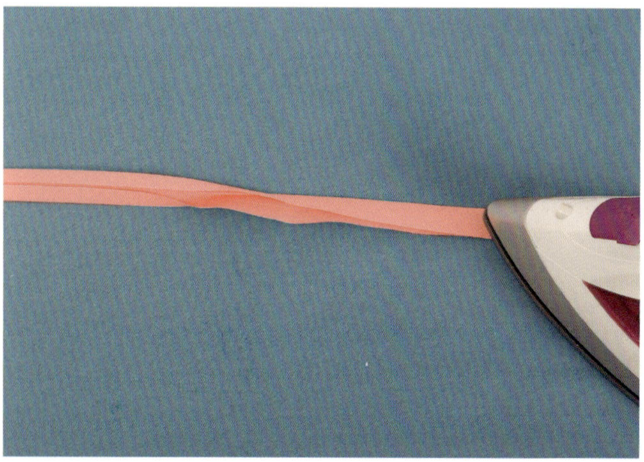

2. Bügle die Nahtzugabe ins Rückteil. Falte das Schrägband auf, bügle es flach und klappe es genau in der Mitte um. Dieser Umbruch muss nun wieder gebügelt werden.

TIPP: Das Schrägband ist, wie der Name sagt, schräg im Fadenlauf geschnitten und dadurch sehr elastisch. Achte darauf, dass es beim Bügeln nicht ausgedehnt wird.

3. Stecke das umgebügelte Schrägband schön auf schön in das Halsloch, sodass die offene Kante vom Schrägband an der Stoffkante vom Halsloch liegt. Weil das Schrägband etwas elastisch ist, passt es sich der runden Form an. Lasse das Band am Anfang und Ende etwas überstehen.

4. Nun nähst du das Schrägband füßchenbreit in das Halsloch. Dabei liegt das Schrägband oben, so hast du einen guten Überblick beim Nähen. In der Rundung drehst du den Stoff. Achte darauf, dass das Schrägband und der Stoff schön aufeinanderliegen und keine Falten entstehen.

5. Klappe das Schrägband nach innen und bügle die Ausschnittkante. Das Schrägband soll man von außen nicht sehen. Anfang und Ende vom Band kannst du nun exakt abschneiden. Anschließend steppst du das Schrägband an der Innenkante (Umbruch) mit dem Zickzackstich fest.

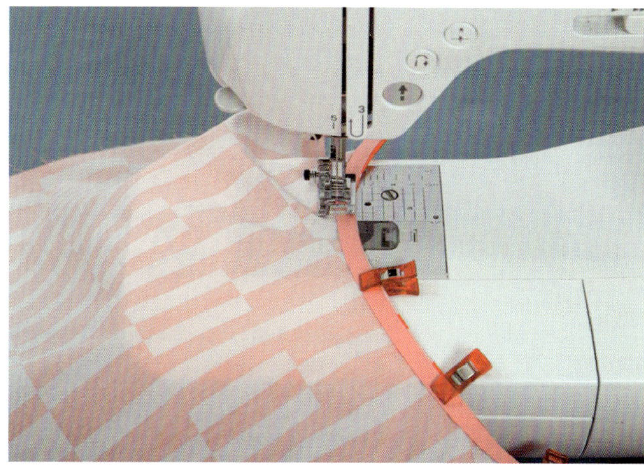

6. Achte darauf, dass die Nadel einmal links am Umbruch und einmal rechts auf dem Schrägband einsticht, sodass das Band schön anliegt. In der Rundung drehst du wieder leicht den Stoff.

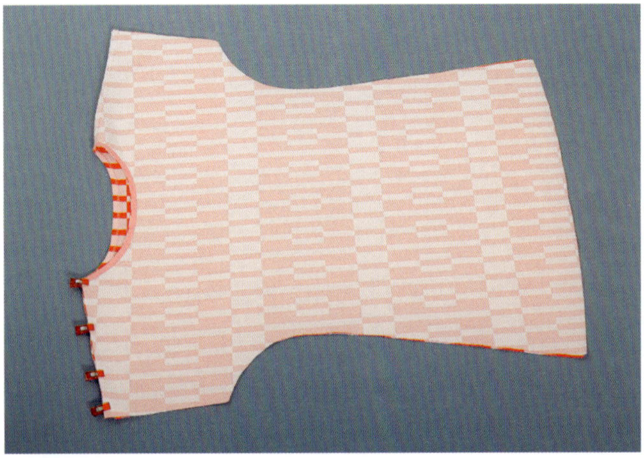

7. Nun legst du das Kleid wieder schön auf schön, steckst die zweite Schulterseite und nähst sie im Geradstich zusammen. Die Nahtzugabe wird wieder zusammen versäubert und anschließend ins Rückteil gebügelt.

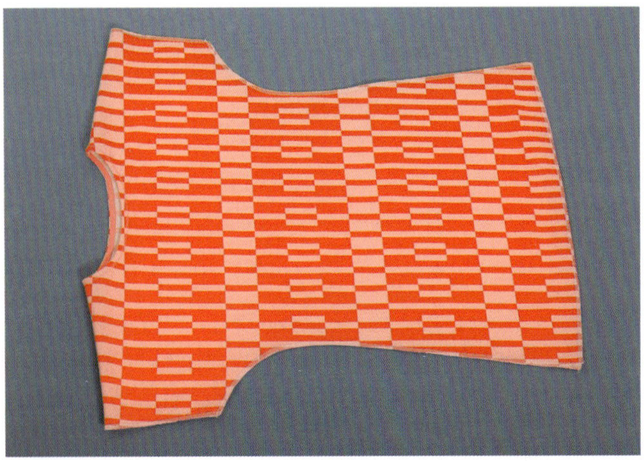

8. Jetzt darfst du dein Kleid an der kompletten Außenkante versäubern. Klappe Vorder- und Rückteil auseinander. Dann fängst du irgendwo an und drehst eine große Runde, bis du wieder an den Anfang kommst. Achtung: Nicht zusammennähen, sondern das Vorderteil und Rückteil einzeln versäubern! Das machst du, damit dein Kleid nicht ausfranst.

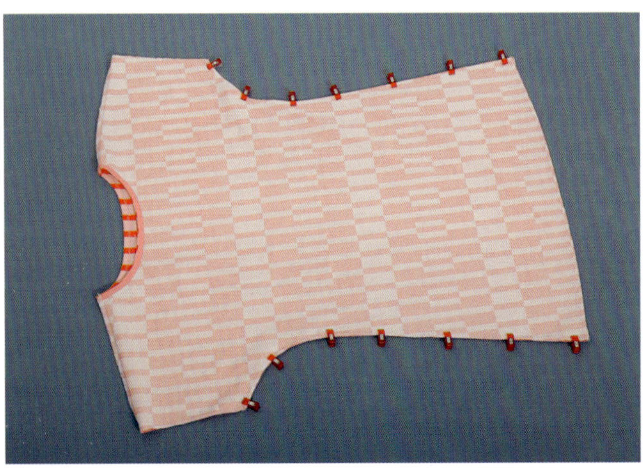

9. Anschließend legst du Vorder- und Rückteil schön auf schön und steckst die rechte und linke Seitennaht. Das obere Stück bleibt natürlich offen, das wird dann das Armloch. Nun nähst du diese beiden Strecken. Die Nahtzugabe wird anschließend auseinandergebügelt.

10. Jetzt darfst du dein Kleid wenden, dass die schöne Seite außen ist. Nun bügelst du unten den Saum 1cm nach innen und nähst ihn im Innenkreis füßchenbreit fest. Starte damit an der Seitennaht.

TIPP: Falls dir das Kleid zu lang ist, kannst du unten auch mehr einschlagen und später wieder rauslassen. Dann wächst dein Kleid sozusagen mit.

11. Beim Ärmelsaum arbeitest du nach dem gleichen Prinzip. Allerdings bügelst du da nur 7mm nach innen und nähst den Einschlag mit 5mm Abstand zum Rand fest. Hier startest du am besten in der Nähe von der Unterarmnaht.

12. TIPP: Am besten du machst dir eine Markierung am Ausschnitt innen auf dem Rückteil. Ich habe ein Glitzermotiv aufgebügelt. So weißt du beim Anziehen immer sofort, wo vorne und hinten ist. Nach dem Endbügeln ist dein Kleidchen fertig – Glückwunsch!

Kleid ohne Gummibund

Kleid mit Gummibund

GUMMIBUND

1. Falls du Kleid Paris in der Taille etwas mehr betonen möchtest und keinen passenden Gürtel hast, zeige ich dir, wie du aus einem Gummi ein Taillenband nähen kannst.

Du schneidest den Gummi (Länge siehe Übersichtstabelle) in der richtigen Länge ab. Kontrolliere die Weite aber vorher noch an deinem Körper. Dann werden die beiden seitlichen Kanten vom Gummi versäubert.

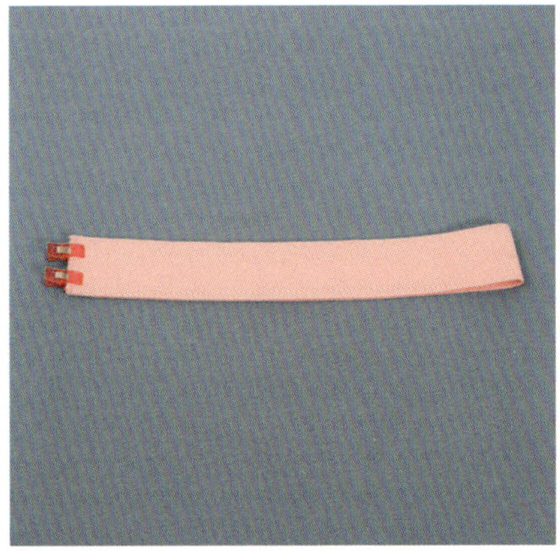

2. Nun legst du den Gummi so, dass die schöne Seite innen ist, und steckst die kurzen Seiten aufeinander. Das wird dann anschließend mit der Nähmaschine mit 1cm Nahtzugabe genäht.

3. Dann klappst du die Nahtzugabe auseinander und nähst sie mittig mit dem Zickzackstich fest, sodass sie flach liegt, Stichlänge 2mm, Stichbreite 4,5mm. Nun hast du mit wenig Aufwand ein Taillenband gezaubert!

Bei Kleid Singapur auf Seite 122 – 125 siehst du, wie man dieses Taillenband auch an einen Rock nähen kann.

KLEID ATHENA

MIT AUFGESETZTEN TASCHEN, HALSBLENDE UND ÄRMELSAUM MIT GUMMIZUG

Bei diesem Modell lernst du

- Raglanärmel
- aufgesetzte Taschen
- die Verarbeitung von Gummizug

Material

- Baumwollstoff, bei 140cm Stoffbreite:
  Gr. 128–146: 1,60m
  Gr. 152–164: 1,90m
- 0,60m Gummiband, 3cm breit (für das Halsloch)
- 0,40m Gummiband, 1cm breit (für den Ärmelsaum)

Zuschnitt

- Aus Baumwollstoff:
  1x Vorderteil
  1x Rückteil
  2x Ärmel
  2x Tasche
  1x Halsblende

Bei allen Schnittteilen ist die Naht- und Saumzugabe bereits enthalten.
Die Nahtzugabe beträgt 1cm, die Saumzugabe 2 x 1cm, am Ärmelsaum 2 x 1,5cm.

Gummilängen

	Gr. 128	Gr. 134	Gr. 140	Gr. 146	Gr. 152	Gr. 158	Gr. 164
Gummilänge für das Halsloch	55cm	55,5cm	56cm	56,5cm	57cm	57,5cm	58cm
Gummilänge für den Ärmelsaum	2x 17cm	2x 17,5cm	2x 18cm	2x 18,5cm	2x 19cm	2x 19,5cm	2x 20cm

Kleiderlänge

	Gr. 128	Gr. 134	Gr. 140	Gr. 146	Gr. 152	Gr. 158	Gr. 164
Länge vorne ab Ausschnitt	64cm	67cm	70cm	73cm	76cm	79cm	82cm

TIPP

Bei breiten Blockstreifen achte beim Zuschnitt darauf, dass Vorder- und Rückteil seitlich im gleichen Stoffstreifen abschließen. Du kannst die Tasche und die Halsblende beim Zuschnitt drehen, so entsteht eine interessante Optik.

1. Du nimmst die beiden Taschenteile und faltest sie jeweils an der Umbruchlinie. Achte darauf, dass die schöne Stoffseite innen liegt. Nun nähst du die drei offenen Seiten zu.

Achtung: Unten musst du ein Stück offen lassen, das ist die Wendeöffnung. Auch hier musst du vernähen.

2. Durch diese Öffnung kannst du nun die Tasche wenden, sodass die schöne Seite außen ist.

Achte darauf, dass die Ecken vollständig ausgestülpt und spitz sind. Nun die beiden Taschen bügeln.

TIPP: Du bekommst schöne Ecken, wenn du von innen mit einer stumpfen Schere oder einem Essstäbchen die Ecken ausstülpst.

3. Nun platzierst du die Taschen auf den markierten Punkten auf dem Vorderteil und steckst sie seitlich und unten fest. Achte darauf, dass das Loch der Tasche nach unten zeigt. Nun nähst du die Taschen an den drei Seiten knappkantig fest, dabei wird das Loch unten zugenäht

4. Dieses Modell hat Raglanärmel, das siehst du daran, dass die Ärmel schräg angesetzt werden. Nimm einen Ärmel und lege ihn schön auf schön mit der schrägen Kante auf die entsprechende Kante vom Vorder- oder Rückteil, die Knipse helfen dir dabei, sie müssen aufeinandertreffen. Stecke die schräge Kante mit Klammern fest und nähe diese Strecke.

Wichtig: Beim Nähen muß der Ärmel direkt auf dem Vorder- oder Rückteil liegen. Erst später wird er nach außen geklappt!

5. Das Ganze machst du viermal, zweimal am Vorderteil und zweimal am Rückteil, sodass das Vorder- und Rückteil mit den Ärmeln verbunden ist. Nun werden bei den vier Nähten die Nahtzugaben zusammen versäubert und anschließend in Richtung Ärmel gebügelt.

6. Jetzt nimmst du den Streifen für die Halsblende und legst ihn schön auf schön. Du musst nur das kurze Stück nähen, lass allerdings ein kleines Loch für den Gummi offen. Die Knipse helfen dir dabei.

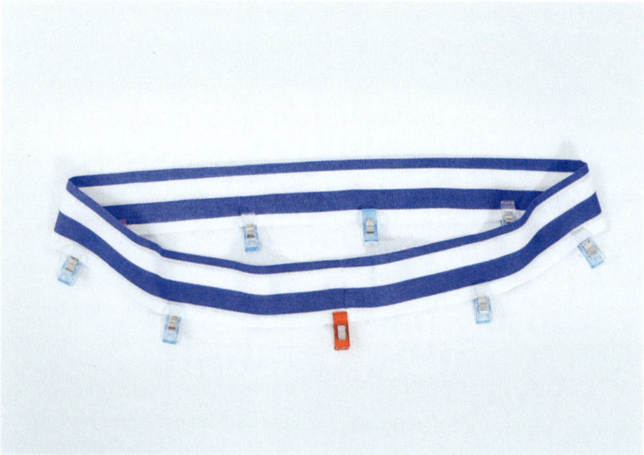

7. Die Nahtzugabe des kurzen Stückes wird auseinandergebügelt. Anschließend wird der gesamte Streifen zur Hälfte umgebügelt, sodass die schöne Seite außen ist. Klammere die offenen Kanten ringsherum aufeinander.

8. Jetzt drehst du das Kleid so, dass die schöne Seite innen liegt. Nun nimmst du deine Halsblende und legst sie auf die schöne Stoffseite vom Ausschnitt. Achte darauf, dass das Loch von der Blende auf die hintere Mitte trifft und zu dir zeigt. Stecke die Halsblende ringsherum mit den Klammern an den Ausschnitt.

9. Nun nähst du die Halsblende in einer Runde fest. Achte darauf, dass du im Innenkreis nähst und dass der Stoff vor dem Nähfuß glatt liegt, sodass keine Falten eingenäht werden.

TIPP: Bei Rundungen ist es viel einfacher im Innenkreis zu nähen. Nähe immer ein Stück, dann legst du den Stoff vor dem Nähfuß wieder schön glatt und nähst wieder weiter.

10. Anschließend wird diese Nahtzugabe zusammen versäubert und nach unten gebügelt. Jetzt wird das Vorderteil schön auf schön auf das Rückteil gelegt, und der Ärmel auf die Hälfte gefaltet. Stecke die Klammern über diese lange Strecke und achte darauf, dass die Ärmelnaht an der Ecke aufeinandertrifft und die Knipse aufeinanderliegen.

11. Nun nähst du diese ganze Strecke: Achte darauf, dass du an der Ecke unterm Arm eine leichte Rundung nähst. Anschließend die Nahtzugabe zusammen versäubern.

12. Jetzt kannst du das Kleid wenden, sodass die schöne Seite außen ist. Nun wird das Kleid unten am Saum 1 cm nach innen umgebügelt und am Ärmelsaum 1,5 cm. Die Saumkante klappst du an der Nähmaschine erneut 1 cm um. Befestige den Einschlag mit Klammern und nähe im Innenkreis den Saum fest. Dabei soll der Nähfuß rechts füßchenbreit am Stoffrand entlangwandern. Starte an der Seitennaht und drehe eine ganze Runde.

13. Am Ärmelsaum arbeitest du nach dem gleichen Prinzip. Du nähst also auch im Innenkreis, allerdings musst du den Stoff an der Nähmaschine nochmal 1,5cm umklappen, wegen dem Gummi. Beim Nähen des Ärmelsaums orientierst du dich an der linken Stoffkante. Deine Naht soll knappkantig davon entfernt sein.

14. Du startest am besten in der Nähe von der Unterarmnaht und am Schluss lässt du ein kleines Stück offen für den Gummi. Nun ziehst du den Gummi (Länge siehe Übersichtstabelle) mit einer Sicherheitsnadel ein. Achte darauf, dass der Gummi sich nicht verdreht. Dann legst du die Gummienden 2cm flach übereinander und nähst mit dem Zickzackstich über diesen Bereich.

15. Dann ziehst du den Gummi nach innen. Das machst du an beiden Ärmeln.

Jetzt nähst du von innen das kleine Loch zu. Achte darauf, dass du den Gummi dehnst, damit du keine Falten in den Stoff nähst.

16. Am Halsloch gehst du ähnlich vor. Du ziehst den Gummi durch das Innenloch der Blende und sicherst die Gummienden wie beim Ärmel. Auch hier gut darauf achten, dass sich der Gummi nicht verdreht. Das Loch musst du bei der Halsblende nicht zunähen.

Das Kleid wird nun gebügelt. Dann kannst du es gleich vorführen!

BLUSE BERRY

MIT ECKIGEM AUSSCHNITT UND FALTEN AM ÄRMEL

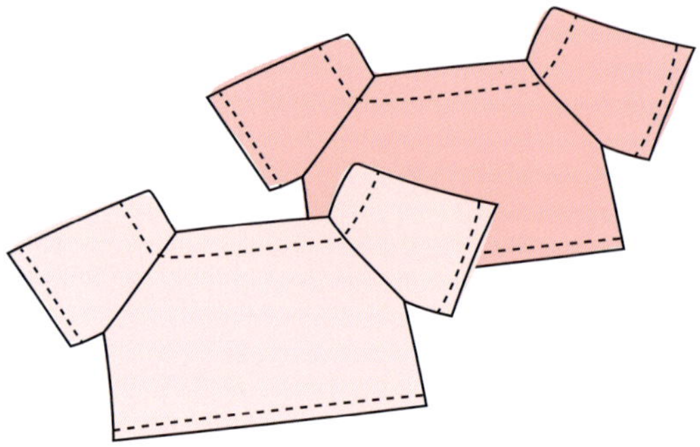

Bei diesem Modell lernst du

- Raglanärmel
- Falten zu legen

Material

- dünner Baumwollstoff, bei 140 cm Stoffbreite:
  Gr. 128–146: 0,90 m
  Gr. 152–164: 1,00 m
  (bei diesem Modell wurde van Handel Stoff Cotton small berry print verwendet)

Zuschnitt

- Aus Baumwollstoff:
  1x Vorderteil
  1x Rückteil
  2x Ärmel

Bei allen Schnittteilen ist die Naht- und Saumzugabe bereits enthalten.
Die Nahtzugabe beträgt 1 cm, am Ausschnitt 1 cm für den Einschlag und 3 cm für den Umschlag.
Die Saumzugabe beträgt 1 cm.

Blusenlänge

	Gr. 128	Gr. 134	Gr. 140	Gr. 146	Gr. 152	Gr. 158	Gr. 164
Länge vorne ab Ausschnitt	31 cm	32 cm	33 cm	34 cm	35 cm	36 cm	37 cm

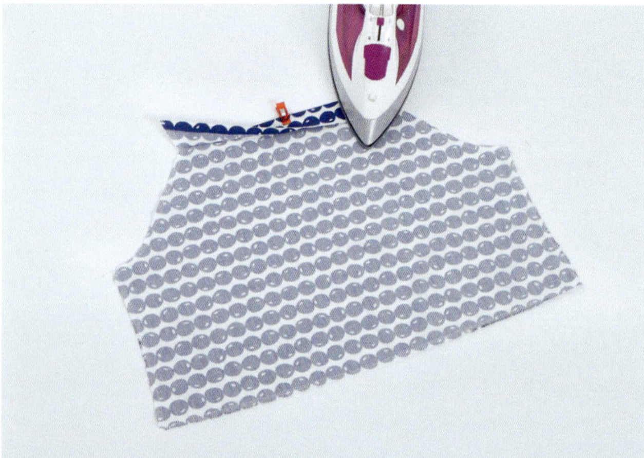

1. Nachdem du die vier zugeschnittenen Teile an allen Seiten, außer der Oberkante, versäubert hast, wird die Ausschnittkante bei jedem Teil oben 1cm nach innen gebügelt. Danach wird diese Kante weitere 3cm nach innen umgeschlagen und ebenfalls gebügelt und festgesteckt.

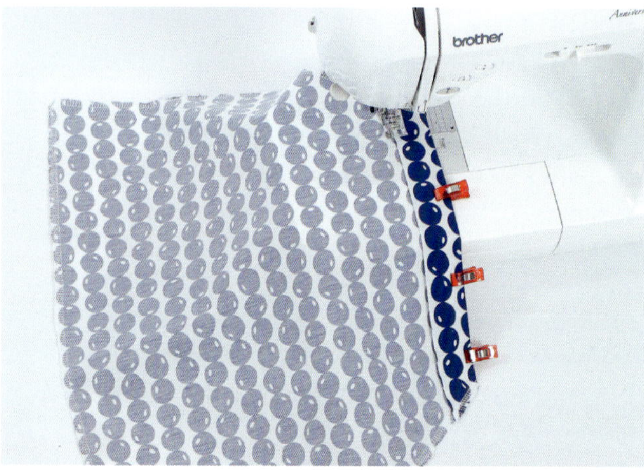

2. Dieser Einschlag wird nun bei allen vier Teilen von innen an der linken Seite knappkantig festgenäht. Du kannst die Klammern ruhig drinnen lassen, dann kann sich der Stoff nicht verschieben.

3. Dieses Modell hat Raglanärmel, das siehst du daran, dass der Ärmel schräg angesetzt wird. Nimm einen Ärmel und leg ihn schön auf schön mit der schrägen Kante auf die entsprechende Kante vom Vorder- oder Rückteil, die Knipse helfen dir dabei, sie müssen aufeinandertreffen. Stecke die schräge Kante mit Klammern fest.

Das Ganze machst du viermal, zweimal am Vorderteil und zweimal am Rückteil.

4. Nun nähst du diese vier Nähte, sodass das Vorder- und Rückteil mit den Ärmeln verbunden ist.

Wichtig: Beim Nähen muss der Ärmel direkt auf dem Vorder- oder Rückteil liegen. Erst später wird er nach außen geklappt. Achte darauf, dass die Raglannähte an der Ausschnittkante ganz exakt aufeinandertreffen, sodass der Ausschnitt schöne Ecken hat.

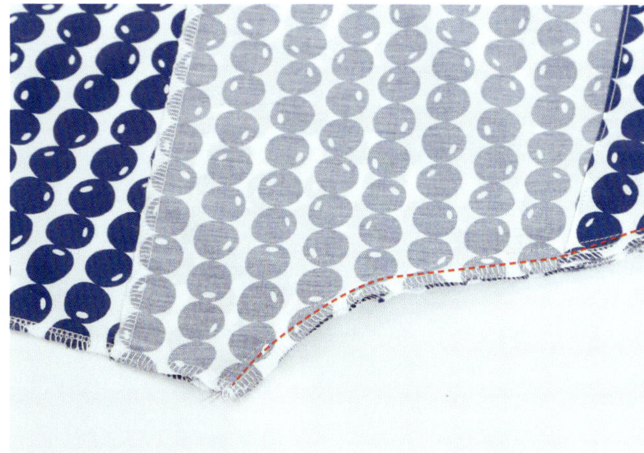

5. Die Nahtzugaben der vier Raglannähte werden nun von innen auseinandergebügelt.

TIPP: Wenn ihr zu Hause ein kleines Ärmelbrett habt, dann kannst du das super dafür nutzen. Es eignet sich perfekt zum Ausbügeln von Nähten im Ärmelbereich.

6. Jetzt wird das Vorderteil schön auf schön auf das Rückteil gelegt und der Ärmel zur Hälfte gefaltet. Stecke die Klammern über diese Strecke und achte darauf, dass die Ärmelnaht an der Ecke aufeinandertrifft.

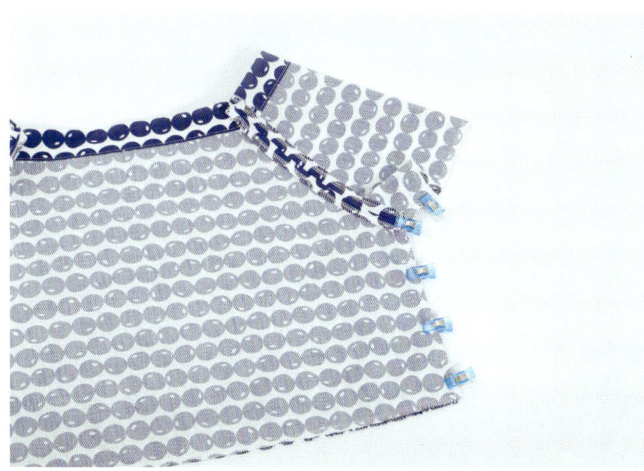

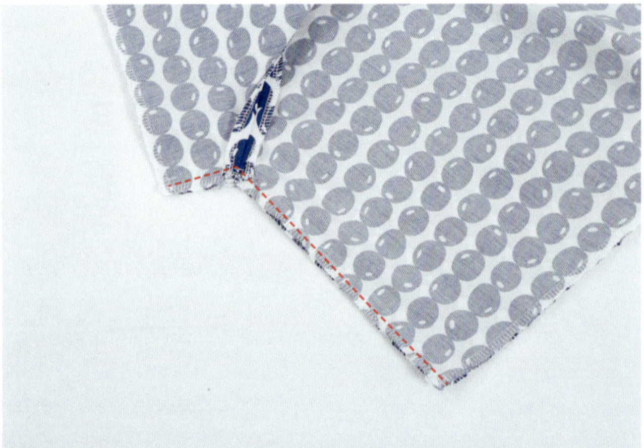

7. Nun nähst du diese ganze Strecke: Achte darauf, dass du an der Ecke unterm Arm eine leichte Rundung nähst. Anschließend die Nahtzugabe auseinanderbügeln. Auch hier kannst du mit dem Ärmelbrett arbeiten.

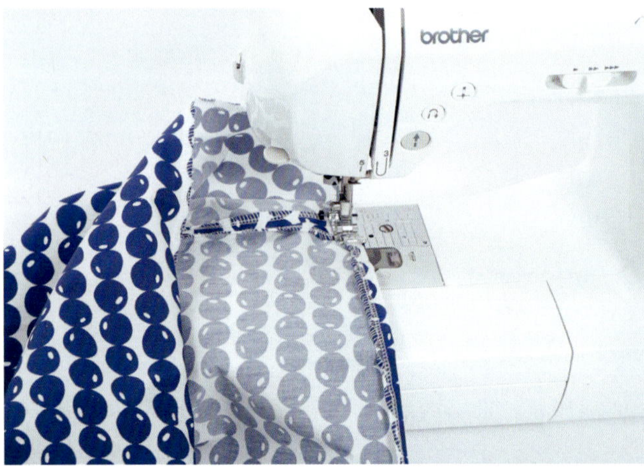

8. Jetzt wendest du die Bluse, dass die schöne Seite außen ist.

Nun wird die Bluse unten am Saum 1cm nach innen umgebügelt und am Ärmelsaum ebenfalls. Anschließend nähst du alle drei Säume im Innenkreis fest.

9. Achte darauf, dass der Nähfuß füßchenbreit am Stoffrand anliegt. Du nähst mit dem Geradstich (die Nadel muss in der Mitte sein) den Saumeinschlag fest. Starte an der Seitennaht und drehe eine ganze Runde.

10. Probiere die Bluse an. Jetzt legst du in der Mitte der Ärmel eine Falte, je nachdem wie groß du den Ausschnitt möchtest. Achte darauf, dass die Falte auf beiden Seiten an der gleichen Stelle ist und zum Vorderteil hin aufspringt. Stecke sie mit einer Stecknadel fest und nähe sie knappkantig fest.

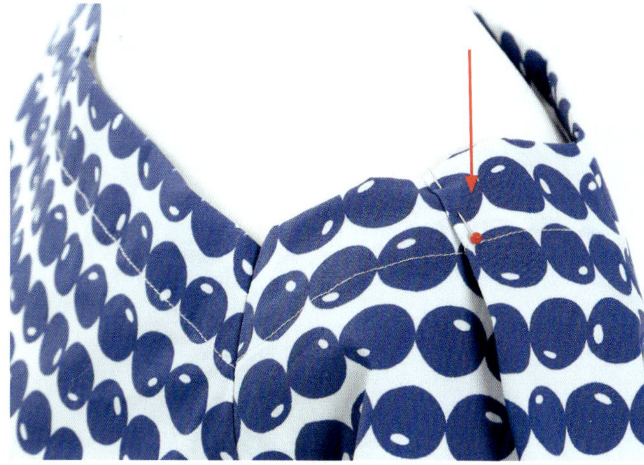

11. Nach dem Endbügeln ist dein Blüschen fertig.

TIPP: Bei Modellen, wo es schwierig ist zu unterscheiden, wo vorne und hinten ist, kannst du ja innen auf das Rückteil ein hübsches Motiv aufbügeln, dann musst du beim Anziehen nicht überlegen.

ANREGUNG

Wenn du den Blusenschnitt verlängerst, hast du ein wunderschönes Sommerkleid!

TIPP

Der passende Rock zu Bluse Berry: Jerseyrock Chicago von Seite 62.

TUNIKA TAHITI

MIT TUNNELZUG

Bei diesem Modell lernst du

- ein Halsloch mit Schrägstreifen zu verarbeiten
- Tunnelzug für Bindeband

Material

- Baumwollstoff für Tunika, bei 140 cm Stoffbreite:
  Gr. 128–146: 1,00 m
  Gr. 152–164: 1,10 m
- 0,10 m Baumwollstoff für Tunnel
  (bei diesem Modell wurde van Handel Stoff Cotton big berry und piano print verwendet)
- 0,60 m Schrägband, farblich passend
- 1,60 m Kordel oder Bindeband, farblich passend

Zuschnitt

- Aus Baumwollstoff:
  1x Vorderteil
  1x Rückteil
  2x Tunnelzug Vorderteil
  1x Tunnelzug Rückteil

Bei allen Schnittteilen ist die Naht- und Saumzugabe bereits enthalten. Die Nahtzugabe beträgt 1 cm, am Halsloch jedoch nur 7 mm.

Tunikalänge

	Gr. 128	Gr. 134	Gr. 140	Gr. 146	Gr. 152	Gr. 158	Gr. 164
Länge ab Schulter	65 cm	68,5 cm	72 cm	75,5 cm	79 cm	82,5 cm	86 cm

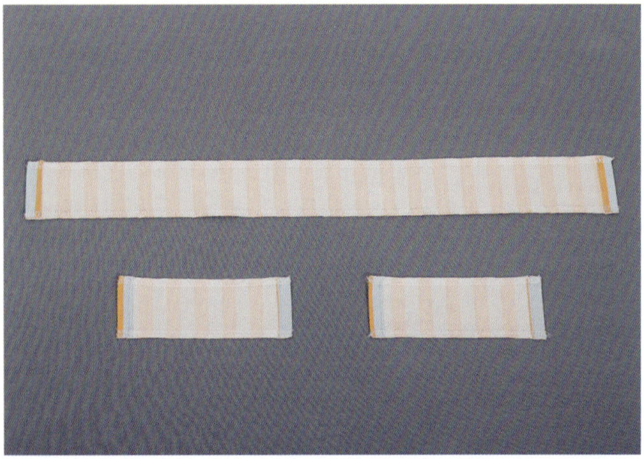

1. Du nimmst die drei schmalen Streifen für den Tunnelzug und bügelst die kurzen Seiten zweimal 1cm nach innen. Dann nähst du diesen Einschlag füßchenbreit mit einem geraden Stich fest. Nun versäuberst du bei allen drei Teilen die langen oberen und unteren Kanten.

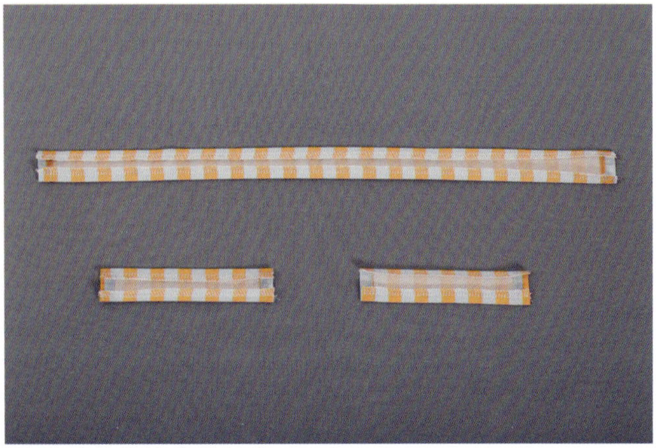

2. Anschließend werden die langen Kanten, die du gerade versäubert hast, 1cm nach innen umgebügelt.

TIPP: Es gibt kleine Handmaße, die du als Lineal für Bügelarbeiten verwenden kannst.

3. Nun steckst du die zwei kürzeren Teile auf die markierten Punkte vom Vorderteil und den langen Streifen auf die Markierungen vom Rückteil. Achte darauf, dass seitlich noch etwas Abstand ist, da musst du später noch vorbeinähen.

4. Jetzt darfst du alle drei Tunnel an der oberen und unteren Kante knappkantig auf das Vorder- und Rückteil aufnähen. Achte darauf, dass du mit deiner Naht genau auf dem Tunnel startest, endest und vernähst, der Tunnel soll ja gut halten.

5. Lege Vorder- und Rückteil schön auf schön aufeinander und stecke eine der Schulternähte mit Klammern zusammen. Jetzt nähst du dieses Stück und versäuberst es anschließend zusammen.

6. Nun bügelst du die Nahtzugabe ins Rückteil. Falte das Schrägband auf, bügle es flach und klappe es dann genau in der Mitte um. Dieser Umbruch muss jetzt wieder gebügelt werden. Bei Kleid Paris auf Seite 24 und 25 Step 2 – 6 ist die Verarbeitung mit dem Schrägband ausführlich beschrieben.

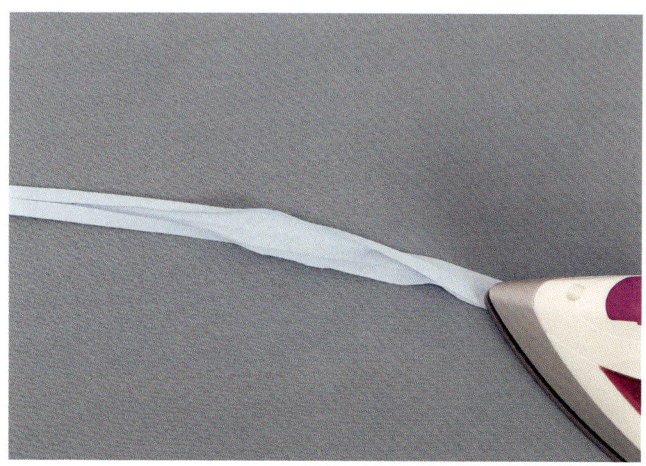

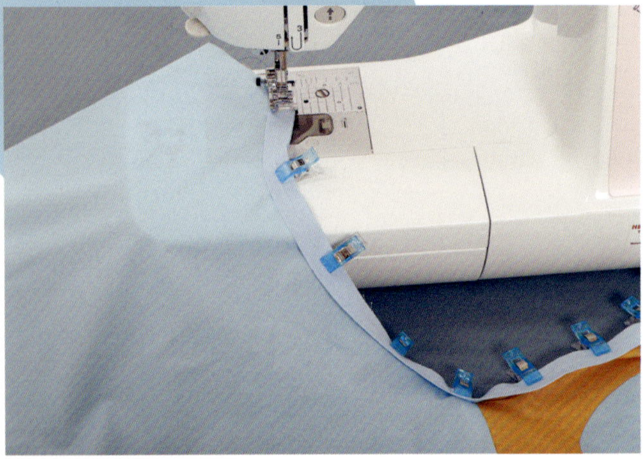

7. Jetzt steckst du das gebügelte Schrägband schön auf schön in das Halsloch und nähst es füßchenbreit an. Klappe das Schrägband nach innen und bügle die Ausschnittkante. Anschließend nähst du das Schrägband an der Innenkante mit dem Zickzackstich fest.

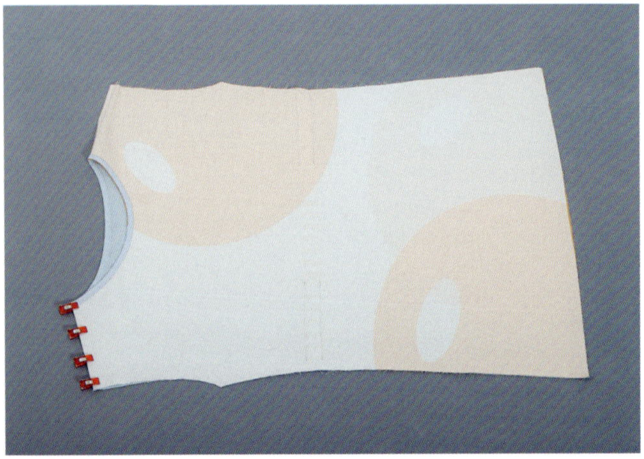

8. Nun legst du das Kleid wieder schön auf schön und steckst die zweite Schulternaht fest. Diese wird nun auch genäht. Jetzt wird die Nahtzugabe wieder zusammen versäubert und anschließend ins Rückteil gebügelt.

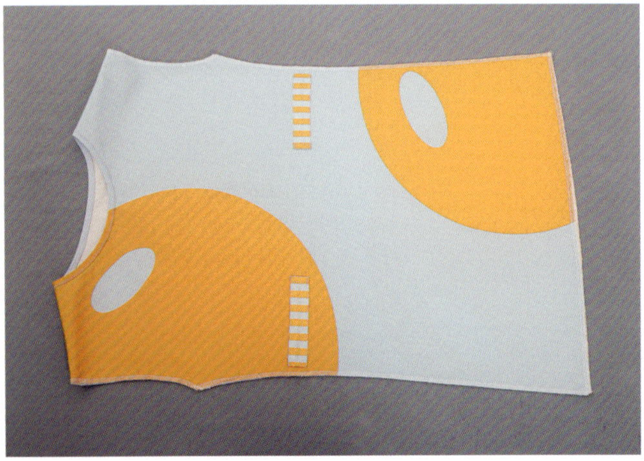

9. Danach darfst du dein Kleid an der kompletten Außenkante versäubern. Klappe Vorder- und Rückteil auseinander. Dann fängst du irgendwo an und drehst eine große Runde, bis du wieder an den Anfang kommst.

Achtung: Nicht zusammennähen, sondern das Vorder- und Rückteil einzeln versäubern! Das machst du, damit deine Tunika nicht ausfranst.

10. Anschließend wird die 1cm-Nahtzugabe vom Armausschnitt nach innen umgebügelt und mit Klammern gesteckt. Nun nähst du diesen Einschlag füßchenbreit mit dem geraden Stich fest.

11. Achte darauf, dass du am Anfang und Ende bis zur Kante nähst und nicht mittendrin startest oder aufhörst. Das sieht sonst auf der Vorderseite nicht schön aus.

12. Jetzt legst du Vorder- und Rückteil schön auf schön und steckst die Seitennähte. Achte darauf, dass der vordere und hintere Tunnelzug auf gleicher Höhe sind, die Knipse helfen dir dabei. Nun nähst du diese beiden Strecken. Die Nahtzugabe wird anschließend auseinandergebügelt.

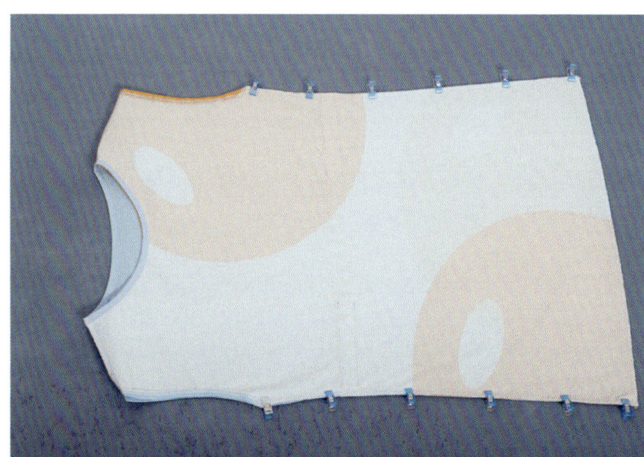

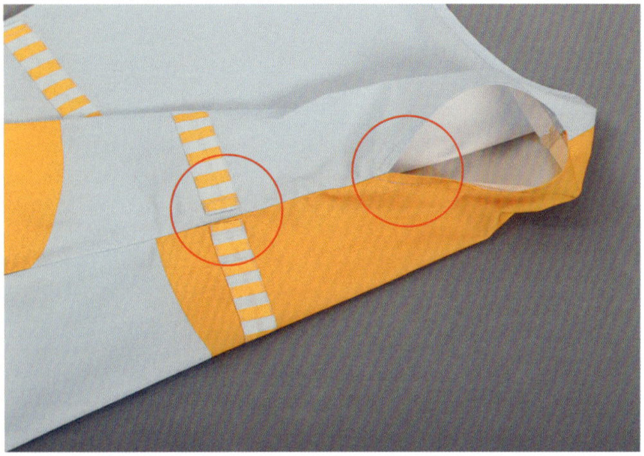

13. Jetzt darfst du dein Kleid drehen, dass die schöne Seite außen ist. Kontrolliere, dass der Tunnel nicht in der Seitennaht mitgenäht wurde und dass sich der Armausschnitt vorne und hinten genau an der Seitennaht trifft.

14. Nun bügelst du unten den Kleidersaum 1cm nach innen und nähst ihn im Innenkreis füßchenbreit fest. Starte damit an der Seitennaht. Wenn dir die Tunika noch zu lang ist, machst du einfach einen breiteren Einschlag.

15. Als letzten Schritt darfst du nun die Kordel oder das Bindeband mit einer Sicherheitsnadel durch deine drei Tunnel ziehen. Du startest vorne in der Mitte, seitlich gehst du kurz raus und dann gleich wieder in den Tunnel.

Jetzt kannst du deine Tunika allen zeigen!

SHIRT NAPOLI

MIT FLEDERMAUSÄRMELN

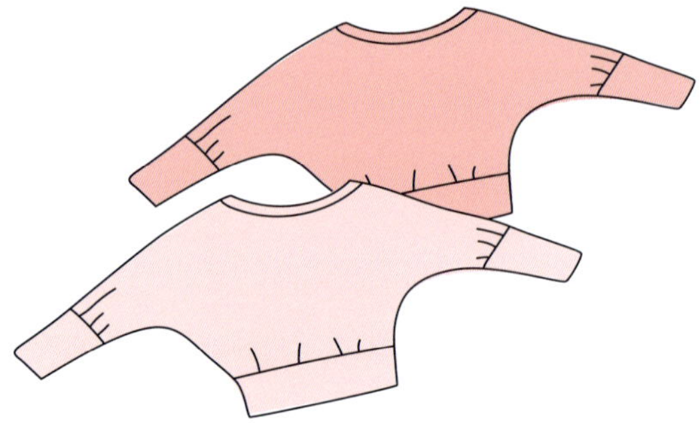

Bei diesem Modell lernst du

- Jersey zu verarbeiten
- Bündchenverarbeitung

Material

- Jerseystoff oder Baumwollstoff, bei 140cm Stoffbreite:
  - Gr. 128–146: 1,10m
  - Gr. 152–164: 1,30m
  - (bei diesem Modell wurde van Handel Stoff Jersey big berry print verwendet)
- 0,40m Bündchenware, 140cm breit, farblich passend

TIPP: Falls du einen Stoff verwendest, der stark elastisch ist, kannst du auch das komplette Shirt aus diesem Stoff machen.

Zuschnitt

- Aus Jersey- oder Baumwollstoff:
  - 1x Vorderteil
  - 1x Rückteil
- Aus Bündchenware:
  - 2x Ärmelstulpe
  - 1x Halsbündchen
  - 1x Saumbund

Bei allen Schnittteilen ist die Naht- und Saumzugabe bereits enthalten.
Die Nahtzugabe beträgt überall 1cm.

Shirtlänge

	Gr. 128	Gr. 134	Gr. 140	Gr. 146	Gr. 152	Gr. 158	Gr. 164
Länge von Schulter bis Saum	50cm	53cm	56cm	59cm	62cm	65cm	68cm

TIPP

Falls du das komplette Shirt aus Jersey nähst, achte darauf, dass die Nähte elastisch sind.

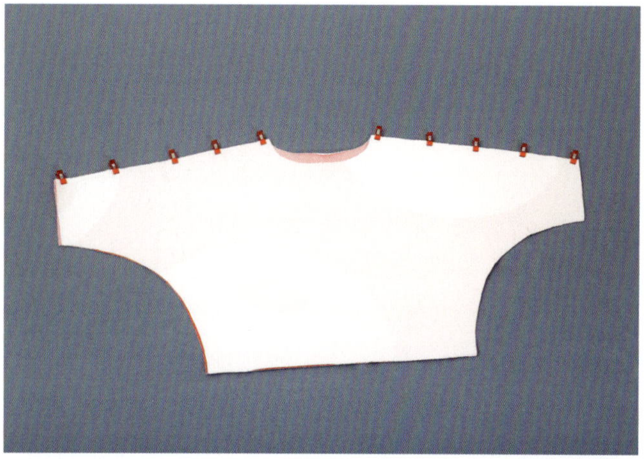

1. Als Erstes legst du das Vorderteil schön auf schön auf das Rückteil. Jetzt werden die beiden Teile oben an den schrägen Kanten zusammengesteckt. Nun nähst du diese beiden Strecken. Anschließend werden beide Nähte zusammen versäubert und die Nahtzugabe ins Rückteil gebügelt.

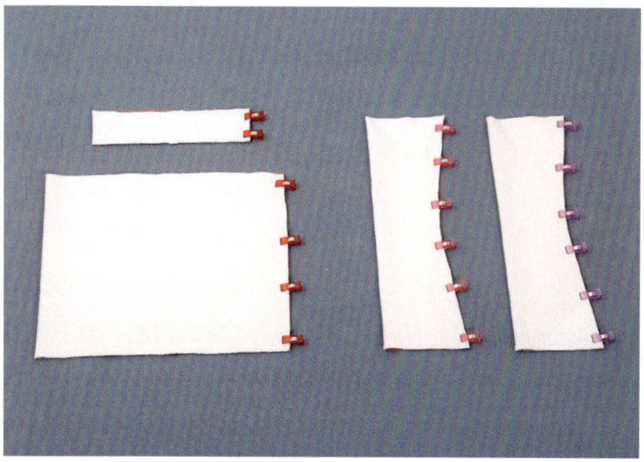

2. Danach werden der Saumbund, das Halsbündchen und die Ärmelstulpen schön auf schön gelegt. Dann werden bei den Bündchen das kurze Stück und bei den Ärmelstulpen die Längsseite aufeinandergesteckt.

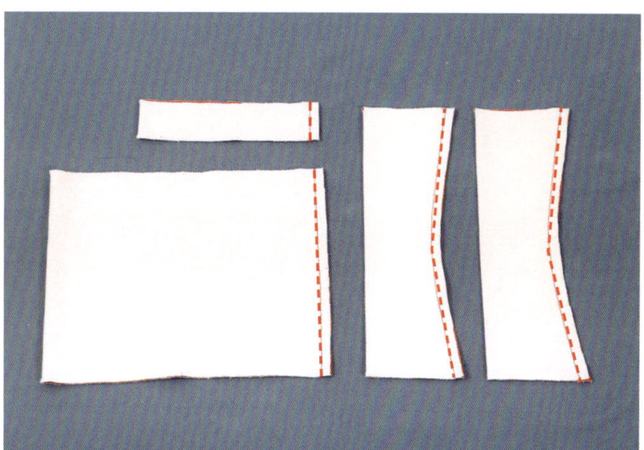

3. Jetzt werden diese gesteckten Strecken mit elastischem Stich genäht. Anschließend bügelst du die Nahtzugabe von innen auseinander. Auf Seite 17 erfährst du Wichtiges zur Jersey-Verarbeitung.

TIPP: Falls du ein kleines Ärmelbrett hast, kannst du das perfekt für diese Bügelarbeit verwenden.

4. Nun klappst du die Bündchen und auch die Stulpen zur Hälfte um, sodass die schöne Seite außen ist und die Nahtzugabe innen liegt und auseinanderzeigt. Jetzt steckst du bei allen vier Teilen die beiden offenen Kanten mit Stoffklammern ringsherum zusammen.

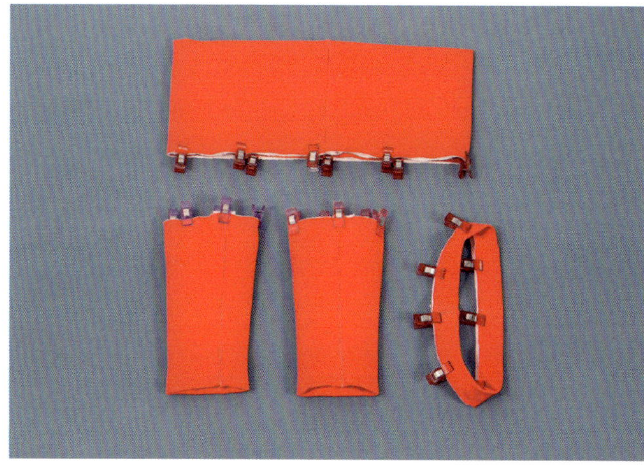

5. Jetzt wird das Halsbündchen in das Halsloch gesteckt. Die Naht vom Bündchen trifft auf die hintere Mitte vom Shirt. Die Mitte vom Bündchen muss exakt auf die vordere Mitte vom Shirt treffen.

Jetzt wäre es super, wenn dir jemand hilft. Einer dehnt das Bündchen auf die Weite vom Halsloch, und der andere steckt es mit den bereits vorhandenen Klammern am Halsloch fest.

6. Hier siehst du nochmal ganz deutlich die Knipse. Sie markieren die Mitte und sind deshalb zur Weitenverteilung so wichtig.

Achte darauf, dass du die Knipse bei Jersey nicht zu tief machst, sie sollen ja nur markieren.

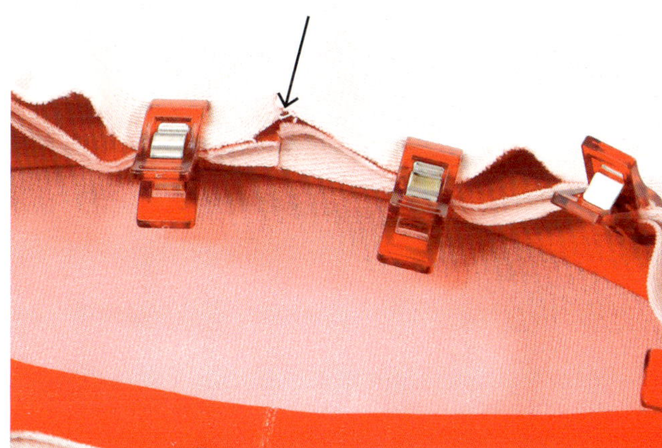

7. Nun nähst du das Halsbündchen im Innenkreis ringsherum in das Halsloch, dabei musst du das Bündchen etwas dehnen, sonst gibt es Falten! Anschließend wird die Nahtzugabe zusammen versäubert und ins Vorder- und Rückteil gebügelt.

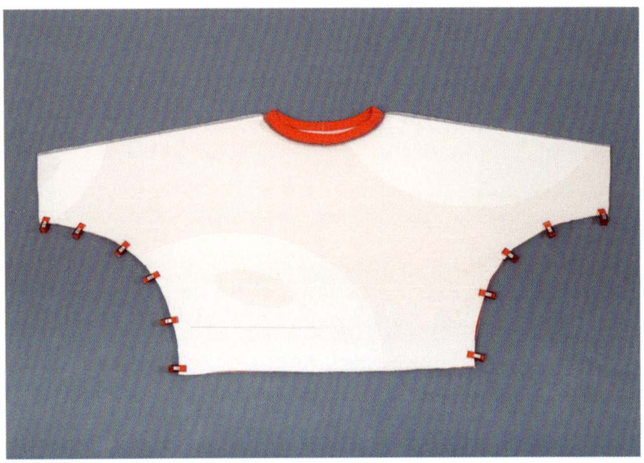

8. Nun legst du das Vorderteil schön auf schön auf das Rückteil und steckst auf beiden Seiten die runde Seitennaht aufeinander und nähst diese Rundung rechts und links. Dann versäuberst du die Nahtzugabe zusammen.

9. Nun nimmst du den Saumbund und schiebst ihn von unten in das Shirt. Achte darauf, dass die Naht vom Bündchen auf die Seitennaht trifft. Auch hier arbeitet ihr wie am Halsloch am besten zu zweit. Einer dehnt, und der andere steckt. Auf die Knipse achten!

Dasselbe machst du mit den Ärmelstulpen, da trifft die Naht auf die Unterarmnaht.

10. Wenn sich gleichmäßige Wellen beim Shirt bilden, dann hast du alles richtig gemacht, dann stimmt die Weitenverteilung. Wenn aber die Knipse für die Mitte vom Shirt und vom Saumbund nicht aufeinandertreffen, dann wird es ungleichmäßig.

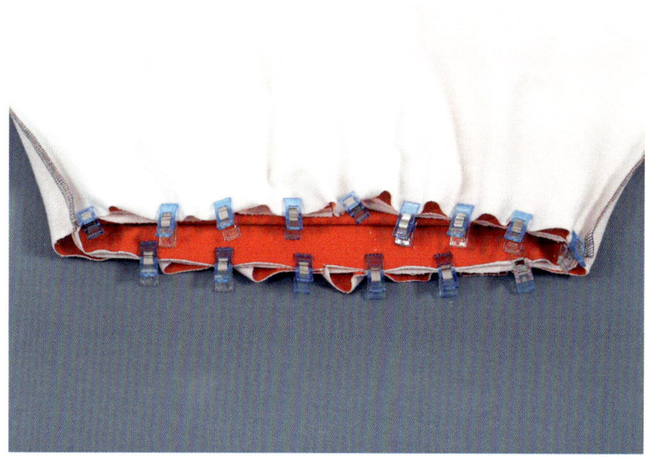

11. Beim Ärmel ist das genauso. Du fragst dich vielleicht, wieso man mit so unterschiedlichen Weiten arbeitet. Das Bündchen ist ja elastisch und soll schön anliegen, das Shirt ist aber weit, deshalb ist das Bündchen viel enger und muss gedehnt werden.

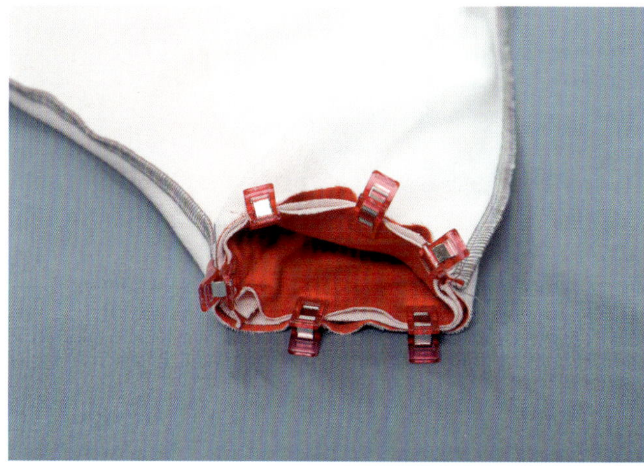

12. Nun wird der Saumbund im Innenkreis an das Shirt genäht. Du musst beim Nähen den Bund so dehnen, dass er die Weite vom Shirt bekommt. Wenn du das nicht richtig dehnst, gibt es auf der Unterseite Falten, das sieht nicht so schön aus. An den Ärmeln arbeitest du nach dem gleichen Prinzip. Und fertig ist dein Shirt!

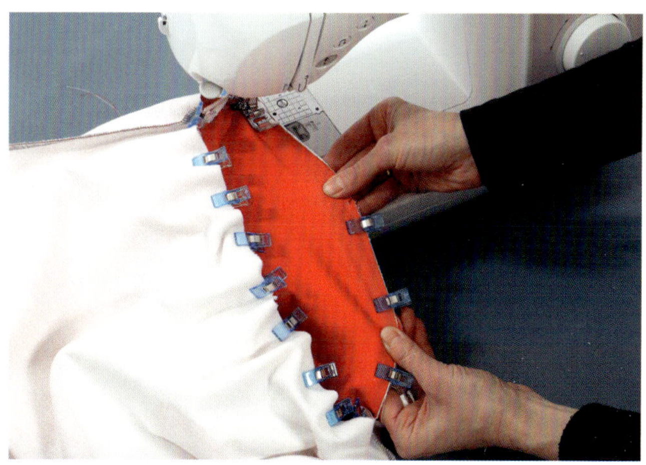

Nun darfst du dein Shirt drehen und gleich drüberziehen. Ich bin gespannt, ob es dir gefällt!

TIPP

Dieses Modell ist sehr variabel:

- Das Shirt sieht auch toll aus, wenn du das Modell ohne Ärmelstulpen nähst.
- Oder du lässt alle Bündchen weg und machst die Ärmel etwas kürzer wie beim Kleid Paris. Dann ist es ein Kurzarmshirt für den Sommer.
- Am Halsloch oder Ärmelsaum kannst du als Abschluss auch eine hübsche Borte verwenden, sei einfach kreativ!

JERSEYROCK CHICAGO

IN A-LINIE

Bei diesem Modell lernst du

- Jersey zu verarbeiten
- Bundverarbeitung

Material

- Jerseystoff elastisch, bei 140 cm Stoffbreite:
  Gr. 128–146: 0,90 m
  Gr. 152–164: 1,00 m
  oder:
- Jerseystoff weniger elastisch, bei 140 cm Stoffbreite:
  Gr. 128–146: 0,80 m
  Gr. 152–164: 0,90 m
- 0,20 m Bündchenware, farblich passend

Zuschnitt

- Aus Jerseystoff elastisch:
  1x mittleres Vorderteil
  2x Seitenteil
  2x mittleres Rückteil
  1x Strickbund
  oder:
- Aus Jerseystoff weniger elastisch:
  1x mittleres Vorderteil
  2x Seitenteil
  2x mittleres Rückteil
- Aus Bündchenstoff:
  1x Strickbund

TIPP: Achte beim Zuschnitt von Jersey darauf, dass du die Knipse nicht zu tief machst, sie werden bei Jersey wegen der Elastizität schnell zu tief.

Bei allen Schnittteilen ist die Naht- und Saumzugabe bereits enthalten.
Die Nahtzugabe beträgt überall 1cm, die Saumzugabe 1,5cm.

Rocklänge

	Gr. 128	Gr. 134	Gr. 140	Gr. 146	Gr. 152	Gr. 158	Gr. 164
Länge ab Oberkante	37cm	40cm	43cm	46cm	49cm	52cm	55cm

TIPP

Bei Jersey musst du darauf achten, dass die Nähte elastisch sind, weil sich der Stoff dehnt. Deshalb verwende für die Naht einen flachen Zickzackstich und versäubere die Nahtzugabe zusammen. Falls du schon Übung mit der Overlockmaschine hast, kannst du natürlich diese verwenden.

1. Zuerst nähst du die einzelnen Rockteile wie folgt aneinander:

Lege ein Seitenteil schön auf schön auf das mittlere Vorderteil, orientiere dich an den Knipsen und stecke die schrägen Rockbahnen mit Klammern aufeinander.

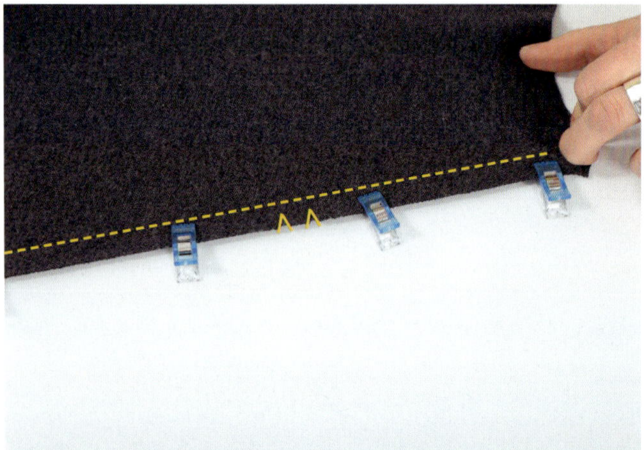

2. Da der Jerseystoff nachgibt, ist es hier besonders wichtig, dass die Knipse genau aufeinandertreffen.

Die Knipse sind beim Nähen so hilfreich. Du kannst dich an ihnen orientieren, und sie helfen dir bei der Einteilung von längeren Strecken.

3. Nach diesem Prinzip steckst du alle Längsnähte, sodass ein Rock entsteht. In der hinteren Mitte hat der Rock eine Naht, daran kannst du dich auch später beim Anziehen orientieren. Nun nähst du die fünf Nähte mit elastischem Stich.

4. Unten am Saum ist eine abgeschrägte Ecke, die soll auch so genäht werden. Das ist der Saumeinschlag, der schräg abgenäht werden muss, weil er später nach innen geklappt wird.

Anschließend werden diese Nähte zusammen versäubert, inklusive der abgeschrägten Saumecke. Jetzt bügelst du die Nahtzugaben in Richtung Seitenteile. Anschließend drehst du den Rock so, dass die schöne Seite innen liegt.

5. Nun legst du den Bund schön auf schön und steckst das kurze Stück mit Klammern aufeinander. Anschließend nähst du diese kurze Strecke und bügelst dann diese Nahtzugaben auseinander.

6. Nun klappst du den Bund zur Hälfte um, sodass die schöne Seite außen ist und die Nahtzugabe nach innen zeigt. Jetzt steckst du die offene Kante mit Klammern ringsherum zusammen. Achte darauf, dass die Knipse aufeinandertreffen.

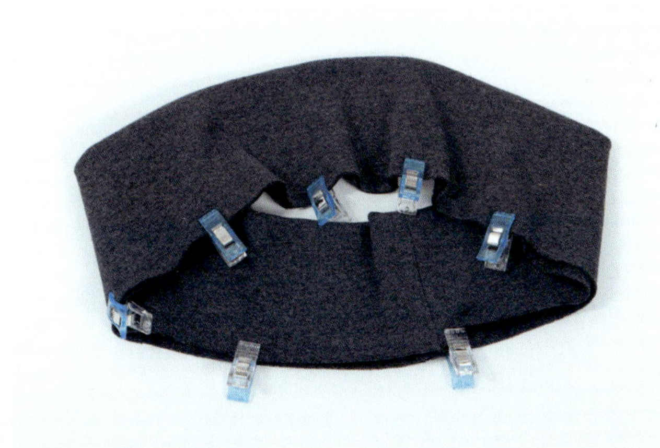

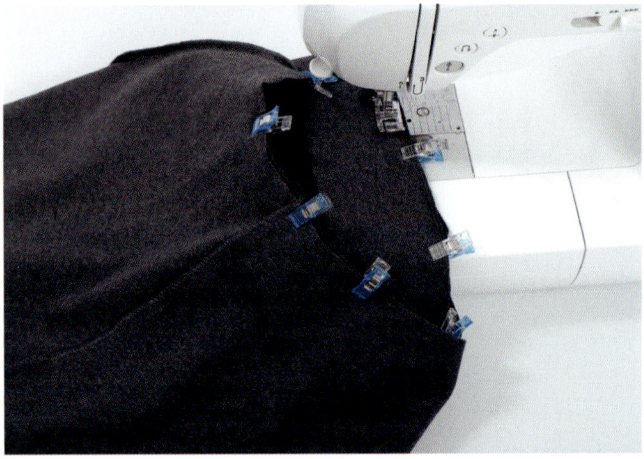

7. Nun schiebst du das Bündchen schön auf schön von oben in den Rock. Die Naht vom Bund muss auf die Naht der hinteren Mitte, und die Knipse müssen aufeinandertreffen.

Jetzt ist wieder zu zweit arbeiten am besten. Einer dehnt den Bund auf die Weite vom Rock, und der andere klammert den Bund fest. Nun wird der Bund unter Dehnung im Innenkreis festgenäht und anschließend zusammen versäubert.

8. Drehe den Rock auf die schöne Seite und bügle unten am Saum 1,5 cm nach innen um. Dann nähst du den Saum im Innenkreis mit einem elastischen Stich fest, starte dabei im seitlichen Bereich.

TIPP: Bei Nähten, die man von außen sieht, ist es immer gut, an einer unauffälligen Stelle zu starten.

9. Beim Saum ist es ist wichtig, dass du möglichst an der geschnittenen Kante des Stoffes mit elastischem Stich nähst, sodass diese zugleich auch noch gesichert wird und nicht ausfranst.

Dein Rock ist fertig – er steht dir bestimmt super! Viel Freude damit!

Jerseyrock Chicago mit Bluse Berry

Jerseyrock Chicago mit T-Shirt Tiffany

T-SHIRT TIFFANY

MIT ANGESETZTEN ÄRMELN

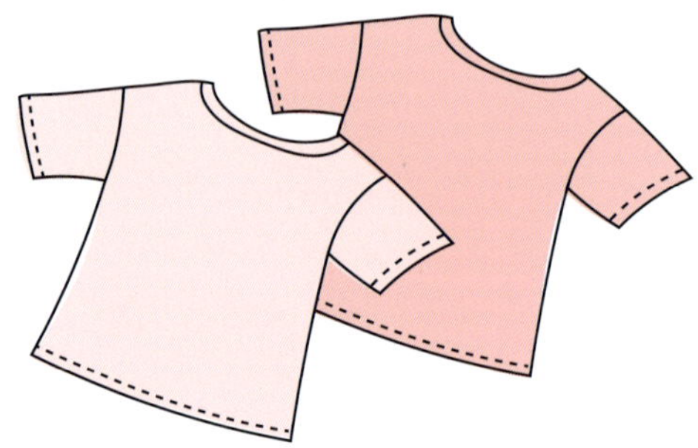

Bei diesem Modell lernst du

- Jersey zu verarbeiten
- Bündchenverarbeitung
- Ärmel einzunähen

Material

- Jerseystoff, bei 140cm Stoffbreite:
  Gr. 128–146: 0,80m
  Gr. 152–164: 0,90m
  (bei diesem Modell wurde van Handel Stoff Jersey big berry print verwendet)
- 0,10m Bündchenware, farblich passend

TIPP: Falls ihr einen Stoff verwendet, der stark elastisch ist, könnt ihr auch das komplette T-Shirt aus diesem Stoff nähen.

Zuschnitt

- Aus Jerseystoff:
  1x Vorderteil
  1x Rückteil
  2x Ärmel
- Aus Bündchenware:
  1x Halsbündchen

Bei allen Schnittteilen ist die Naht- und Saumzugabe bereits enthalten.
Die Nahtzugabe beträgt überall 1cm.

T-Shirt-Länge

	Gr. 128	Gr. 134	Gr. 140	Gr. 146	Gr. 152	Gr. 158	Gr. 164
Länge von Schulter bis Saum	43cm	44,5cm	46cm	47,5cm	49cm	50,5cm	52cm

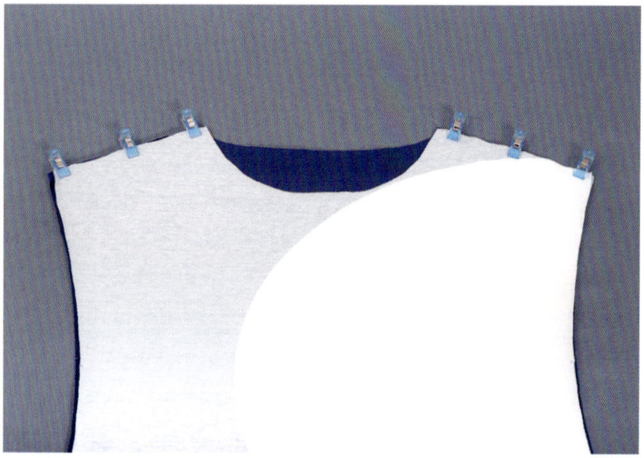

1. Du legst das Vorderteil schön auf schön auf das Rückteil und steckst es oben an den Schultern aufeinander. Nun nähst du die beiden Schulternähte, dann versäuberst du sie zusammen und bügelst die Nähte in Richtung Rückteil.

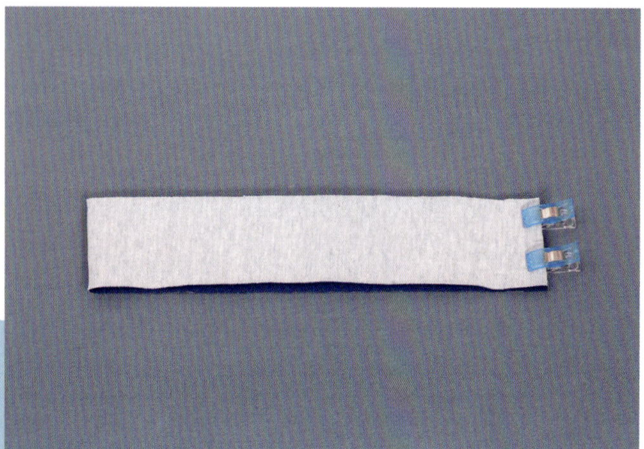

2. Nun legst du das Halsbündchen schön auf schön und steckst das kurze Stück aufeinander. Dann nähst du dieses Stück und bügelst die Nahtzugabe auseinander.

3. Klappe nun das Halsbündchen zur Hälfte um. Achte darauf, dass die schöne Seite außen ist und die Nahtzugabe nach innen zeigt. Jetzt steckst du die offene Kante mit Klammern ringsherum zusammen.

4. Jetzt wird das Bündchen unter Dehnung ins Halsloch gesteckt. Die Bündchennaht trifft auf die hintere Mitte vom Rückteil.

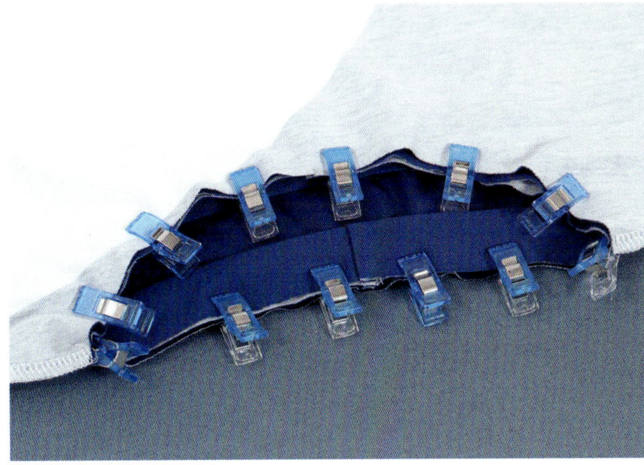

TIPP: Diesen Schritt macht ihr am besten zu zweit. Einer dehnt das Bündchen auf die entsprechende Weite, und der andere steckt das Bündchen mit den bereits vorhandenen Klammern im Halsloch fest.

5. Der Knips vom Bündchen muss exakt auf den Knips vom Vorderteil treffen.

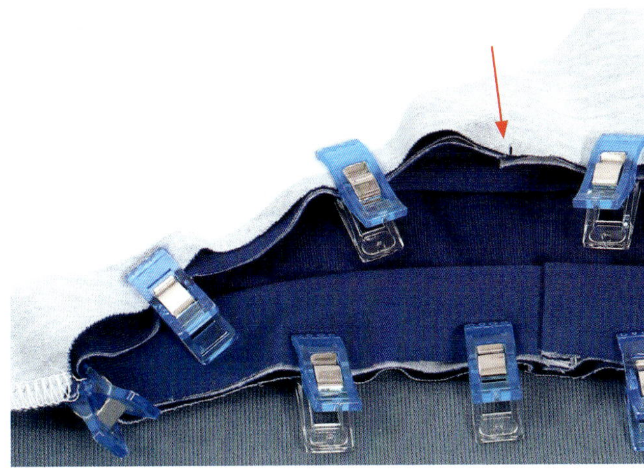

Nun nähst du das Halsbündchen im Innenkreis ringsherum in das Halsloch, dabei musst du das Bündchen etwas dehnen! Anschließend wird diese Naht zusammen versäubert und ins Vorder- und Rückteil gebügelt.

6. Nun legst du die Ärmel schön auf schön auf das Vorder- und Rückteil. Achte darauf, dass der Ärmelknips auf die Schulternaht trifft. Dann steckst du die Ärmel fest und nähst beide Ärmel ein.

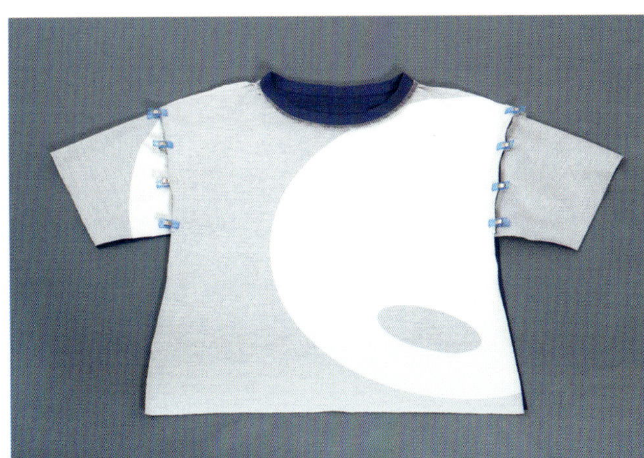

Wichtig: Zum Nähen muss der Ärmel direkt auf dem Vorder- und Rückteil liegen. Erst später wird er nach außen geklappt. Versäubere die Nahtzugabe zusammen und bügele sie in Richtung Ärmel.

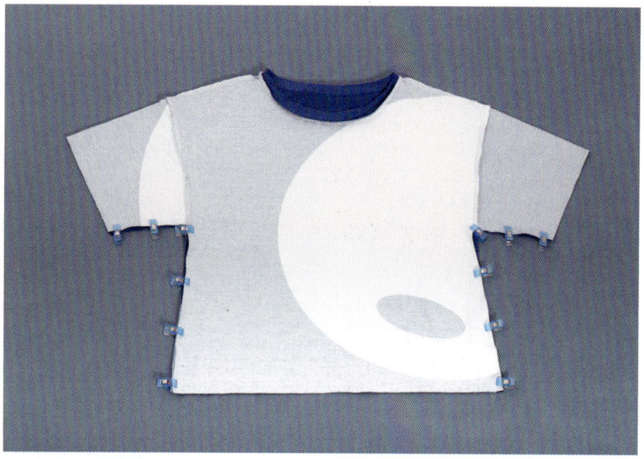

7. Lege nun das T-Shirt mit den schönen Seiten aufeinander und stecke die Seiten- und Unterarmnähte zusammen. Nun wird diese Naht genäht. Achte darauf, dass sich die Naht vom Ärmel trifft und dass du am Übergang von der Ärmelnaht zur Seitennaht eine Rundung nähst und keine Ecke. Diese Nähte werden dann zusammen versäubert und ins Rückteil gebügelt.

8. Jetzt darfst du dein T-Shirt wenden, dass die schöne Seite außen ist. Nun bügelst du unten am Saum und am Ärmelsaum 1cm nach innen um. Dann nähst du die Saumkante im Innenkreis mit einem elastischen Stich fest, starte dabei in der Nähe von einer Naht.

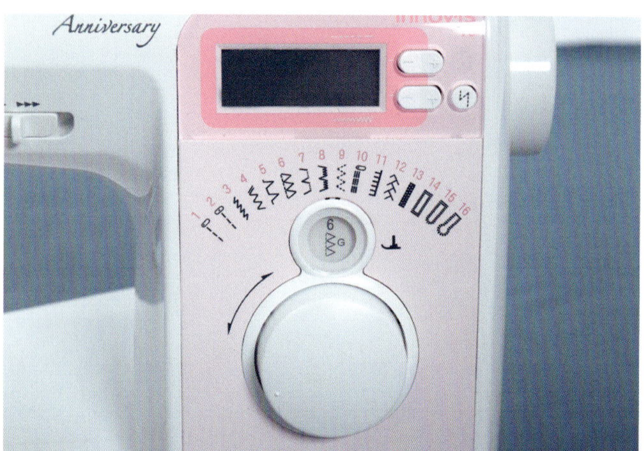

9. Ich verwende für die Säume gerne diesen Zickzackstich, der mit einem Geradstich kombiniert ist. Dabei schaue ich, dass die Nadel links an der Kante vom Saumeinschlag einsticht.

10. Der Saumeinschlag soll durch diese Naht gut gehalten werden. Achte darauf, dass du beim Nähen den Stoff nicht unnötig dehnst. Falls die Säume durch das Nähen etwas ausgedehnt wurden, kannst du sie mit dem Bügeleisen wieder flach bügeln.

Nun ist dein T-Shirt fertig – toll!!

T-Shirt Tiffany gemustert

T-Shirt Tiffany uni

TRÄGERKLEID TOMATO

MIT LATZ

Bei diesem Modell lernst du

- Gummizug einzuarbeiten
- Latz mit Trägern

Material

- Canvas Stoff (oder anderen festeren Baumwollstoff), bei 140 cm Stoffbreite:
  Gr. 128–146: 0,80 m
  Gr. 152–164: 0,90 m
  (bei diesem Modell wurde van Handel Stoff Canvas berry print verwendet)
- 1,20 m Gummiband, 3 cm breit, passend zum Stoff (für die Träger)
- 0,50 m Gummiband, 3 cm breit (für den Bund)

Zuschnitt

- Aus festem Baumwollstoff:
  1x Rock vorne
  1x Rock hinten
  2x Latz
  1x Unterlage für Gummizug

Bei allen Schnittteilen ist die Naht- und Saumzugabe bereits enthalten.Die Nahtzugabe beträgt 1 cm.

Kleiderlänge

	Gr. 128	Gr. 134	Gr. 140	Gr. 146	Gr. 152	Gr. 158	Gr. 164
Länge von Latzoberkante bis zum Saum	54 cm	57 cm	60 cm	63,5 cm	67 cm	70,5 cm	74 cm
Gummilänge für Träger	2 x 45 cm	2 x 47,5 cm	2 x 50 cm	2 x 52,5 cm	2 x 55 cm	2 x 57,5 cm	2 x 60 cm
Gummilänge für Bund	1 x 35 cm	1 x 36,5 cm	1 x 38 cm	1 x 39,5 cm	1 x 41 cm	1 x 42,5 cm	1 x 44 cm

TIPP

Markiere die Punkte im Schnitt und übertrage sie auf deinen Stoff, damit du später weißt, von wo bis wo der Gummistepp geht.

1. Rockteile jeweils an beiden Seiten und an der Unterkante versäubern. Die Unterlage für den Gummizug an zwei kurzen und einer langen Seite versäubern.

2. Die beiden Gummistreifen für die Träger in der richtigen Länge zuschneiden (siehe Übersichtstabelle) und, wie abgebildet, auf die kurze Seite vom Latz stecken, die Knipse helfen dir. Achte darauf, dass die schöne Stoffseite oben liegt. Nun nähst du die Träger füßchenbreit fest, gerne dreimal hin und her, sie sollen ja gut halten.

3. Anschließend befestigst du die Träger auf der anderen Seite mit einer Klammer, dass sie dir beim nächsten Schritt nicht im Weg sind.

4. Lege beide Latzteile schön auf schön und befestige die obere Kante und die beiden Seiten mit Klammern.

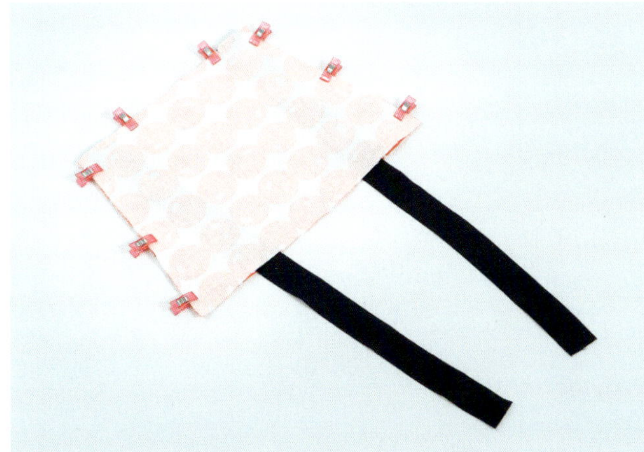

5. Nähe diese drei Seiten, oben an den beiden Ecken biegst du einfach ab.

Anschließend darfst du die beiden Ecken oben schräg abschneiden.

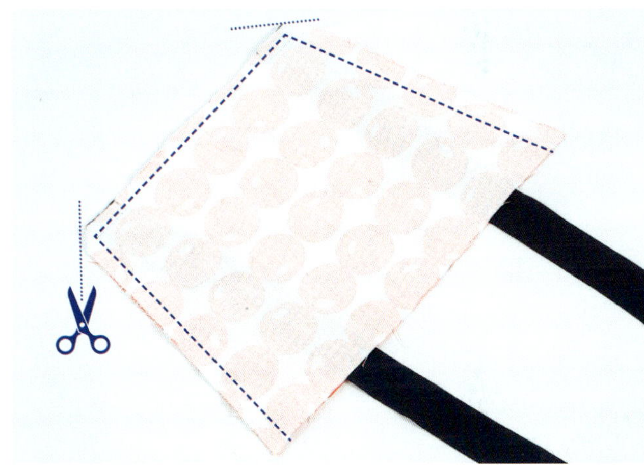

6. Wende nun den Latz, dass die schöne Seite außen liegt. Die beiden oberen Ecken darfst du mit einer stumpfen Schere von innen ausstülpen, dass sie schön spitz sind. Anschließend wird der Latz gebügelt.

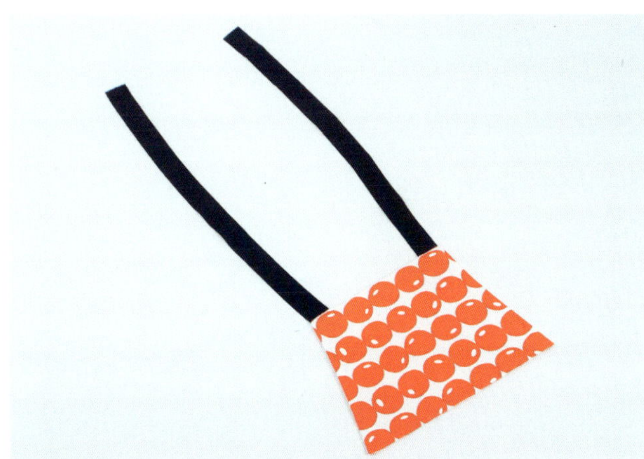

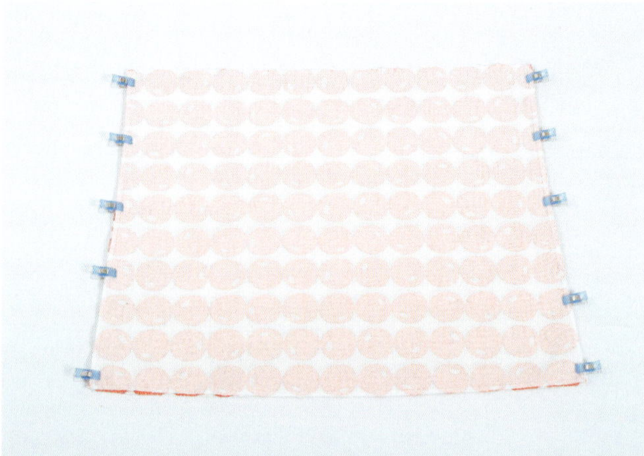

7. Jetzt legst du den vorderen und hinteren Rock schön auf schön, steckst die beiden Seitennähte zusammen und nähst diese. Die Nahtzugaben werden anschließend auseinandergebügelt. Die schöne Stoffseite zeigt nach innen.

8. Nun schiebst du den Latz schön auf schön in den Rock, dass er auf dem vorderen Rock liegt, die Knipse helfen dir dabei. Stecke den Latz fest. Jetzt nähst du den Latz füßchenbreit fest. Die Träger werden nun über Kreuz auf den hinteren Rock gesteckt, auch da findest du Knipse. Nun nähst du die Träger ebenfalls füßchenbreit fest, gerne mehrmals, damit sie gut halten.

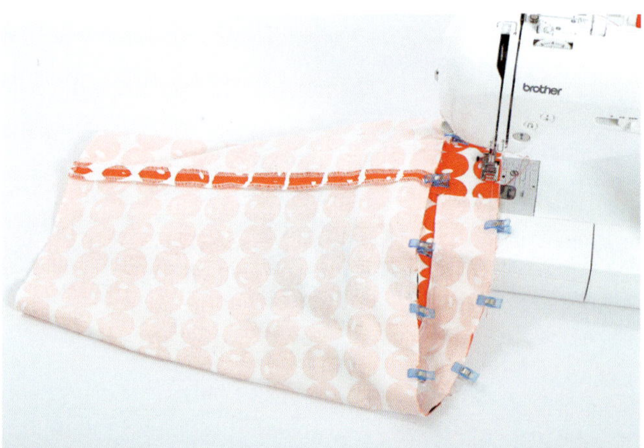

9. Anschließend die nicht versäuberte Kante von der Gummizugunterlage mit 1cm Überlappung an die restliche Oberkante stecken, die Knipse treffen aufeinander. Jetzt nähst du die Unterlage fest und versäuberst anschließend die ganze Runde.

10. Jetzt klappst du den Latz nach oben und die Unterlage für den Gummi nach innen und bügelst die Oberkante von dem Rock. Achte darauf, dass die Nahtzugabe vom Latz in Richtung Rock gebügelt wird und dass die Ansatznaht von der Bundunterlage genau an der Oberkante liegt. Nun drehst du das Kleid mit der schönen Seite nach außen.

11. Danach steckst du die Unterlage an der Oberkante vom Rock mit Klammern fest und nähst sie im Innerkreis im Abstand von 3,5cm parallel zur Oberkante fest. Start und Endpunkt sind auf dem Schnitt markiert. Die Gummiträger NICHT mit festnähen!

TIPP Nähe im Innenkreis, dann ist die Gefahr nicht so groß, dass du aus Versehen etwas mitnähst, was gar nicht zu dieser Naht gehört.

12. Nun ziehst du von innen den Gummi mit einer Sicherheitsnadel ein (Länge siehe Übersichtstabelle). Achte darauf, dass er sich nicht verdreht und das Ende nicht im Tunnel verschwindet.

TIPP Am besten du sicherst dir das Gummiende mit einer großen Nadel als Stopper. Dann kann der Gummi nicht reinrutschen.

13. Wenn das Gummiende am Tunnel ist, machst du eine senkrechte Naht, damit es gehalten wird. Dann ziehst du den Gummi weiter durch, bis du am anderen Ende des Tunnels wieder rauskommst. Auch hier machst du ebenfalls eine senkrechte Naht zur Sicherung.

14. Klappe die Saumkante 1cm nach innen und bügle sie um. Am besten legst du dein Kleid so in die Nähmaschine, dass du im Innenkreis nähst. Achte darauf, dass dein Nähfuß rechts am Saum entlangläuft, das ist dann füßchenbreit. Beginne an der Seitennaht und nähe die Runde, bis du wieder am Anfang ankommst. Fertig!!

Dazu passt T-Shirt Tiffany.
Die Anleitung findest du auf Seite 68.

RINGELKLEID SPLIT

MIT TROMPETENÄRMELN

Bei diesem Modell lernst du

- Jersey zu verarbeiten
- Ärmel einzusetzen
- Trompetenärmel
- Bündchenverarbeitung

Material

- Jerseystoff, geringelt, bei 140 cm Stoffbreite:
  Gr. 128–146: 1,40 m
  Gr. 152–164: 1,60 m
  (bei diesem Modell wurde Ringeljersey von buttinette verwendet)

Zuschnitt

- Aus Jerseystoff, geringelt:
  2x Vorderteil
  2x Rückteil
  2x Ärmel
  2x Ärmeltrompete
  1x Halsbündchen

Bei breitem Ringeljersey:

Achte beim Zuschnitt der beiden Vorder- und Rückteile darauf, dass bei den beiden Nähten in der Mitte der Streifen genau versetzt ist.

Bei allen Schnittteilen ist die Naht- und Saumzugabe bereits enthalten.
Die Nahtzugabe beträgt überall 1 cm, beim Ärmelsaum jedoch 7 mm.

Wichtiges zur Jersey-Verarbeitung auf Seite 17.

Kleiderlänge

	Gr. 128	Gr. 134	Gr. 140	Gr. 146	Gr. 152	Gr. 158	Gr. 164
Länge ab Schulter	70 cm	73,5 cm	77 cm	80,5 cm	84 cm	87,5 cm	91 cm

TIPP

Bei Jersey musst du darauf achten, dass die Nähte elastisch sind, weil sich der Stoff dehnt. Deshalb verwende für die Naht einen flachen Zickzackstich und versäubere die Nahtzugabe zusammen. Falls du schon Übung mit der Overlockmaschine hast, kannst du natürlich diese verwenden.

1. Als Erstes steckst du die beiden Vorderteile und die beiden Rückteile in der Mitte schön auf schön aufeinander. Achte bei breiten Ringelstreifen darauf, dass die Streifen genau um eins versetzt sind, das gibt dann eine schöne Optik. Nun nähst du diese beiden Strecken, versäuberst sie zusammen und bügelst die Nahtzugabe auf eine Seite.

2. Jetzt legst du das komplette Vorderteil schön auf schön auf das Rückteil und steckst es oben an den Schultern aufeinander. Nun nähst du die beiden Schulternähte, dann versäuberst du sie zusammen und bügelst die Nähte in Richtung Rückteil.

3. Nun legst du das Halsbündchen schön auf schön und steckst das kurze Stück aufeinander. Dann nähst du dieses Stück und bügelst die Nahtzugabe anschließend auseinander.

4. Danach klappst du das Halsbündchen zur Hälfte um. Achte darauf, dass die schöne Seite außen ist und die Nahtzugabe nach innen zeigt. Jetzt steckst du die offene Kante mit Klammern ringsherum zusammen.

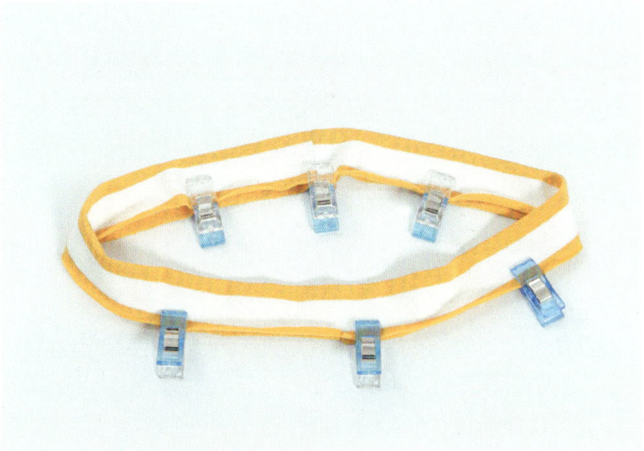

5. Jetzt wird das Bündchen unter Dehnung ins Halsloch gesteckt. Die Bündchennaht trifft auf die Naht in der hinteren Mitte.

TIPP: Diesen Schritt macht ihr am besten zu zweit. Einer dehnt das Bündchen auf die entsprechende Weite, und der andere steckt das Bündchen mit den bereits vorhandenen Klammern im Halsloch fest.

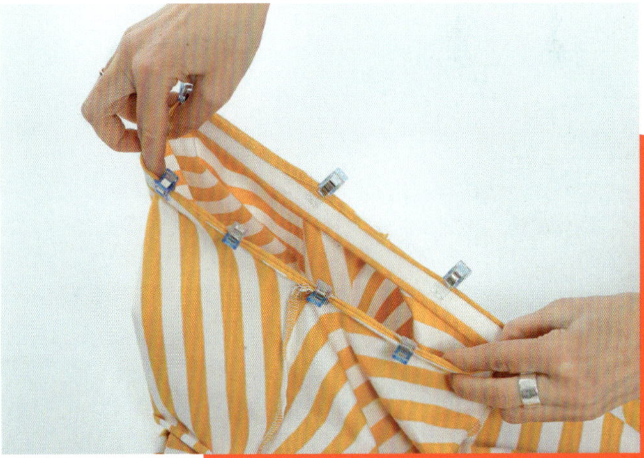

6. Der Knips vom Bündchen muss exakt auf die Mittelnaht vom Vorderteil treffen.

Nun nähst du das Halsbündchen im Innenkreis ringsherum in das Halsloch, dabei musst du das Bündchen etwas dehnen! Du kannst dich beim Nähen am Streifen orientieren.

Anschließend wird diese Naht zusammen versäubert und ins Vorder- und Rückteil gebügelt.

7. Nun legst du die Ärmel schön auf schön auf Vorder- und Rückteil. Achte darauf, dass der Ärmelknips auf die Schulternaht zeigt. Dann steckst du die Ärmel fest und nähst beide Ärmel ein.

Wichtig: Zum Nähen muss der Ärmel direkt auf dem Vorder- und Rückteil liegen. Erst später wird er nach außen geklappt. Versäubere nun die Nahtzugabe zusammen und bügle sie in Richtung Ärmel.

8. Lege das Kleid mit der schönen Seite aufeinander und stecke die Seiten- und Unterarmnähte. Nun wird diese Naht genäht. Achte darauf, dass sich die Naht vom Ärmel trifft und dass du am Übergang von der Ärmelnaht zur Seitennaht eine Rundung nähst und keine Ecke. Diese Nähte werden dann zusammen versäubert und ins Rückteil gebügelt.

9. Nun nimmst du die beiden Ärmeltrompeten und legst sie schön auf schön aufeinander und steckst die gerade Kante fest. Anschließend nähst du dieses Stück. Dann wird diese Naht zusammen versäubert und in eine Richtung gebügelt.

10. Schlage den Ärmelsaum 7mm nach innen und bügle den Einschlag nach innen um. Anschließend nähst du im Innenkreis den Einschlag mit einem elastischen Stich fest. Starte an der Naht, denn das ist eine unauffällige Stelle.

11. Wenn der Saum so rund ist wie bei dieser Trompete, liegt er viel schöner, wenn er nicht so breit eingeschlagen wird. Nach dem Nähen von Rundungen empfehle ich dir zu bügeln, bei Jersey wird der Saum beim Nähen gerne ausgedehnt und durch das Bügeln wieder schön flach.

12. Nun drehst du das Kleid, dass die schöne Seite außen ist, und stülpst die Trompete um den Ärmelsaum, dass die schönen Stoffseiten aufeinanderliegen. Dabei muss die Trompetennaht auf die Ärmelnaht stoßen, und die Knipse müssen sich treffen. Nun steckst du die ganze Runde fest und nähst und versäuberst sie im Innenkreis.

13. Bügle unten am Saum 1cm nach innen um. Auch hier kannst du dich wieder ganz gut am Streifen vom Jersey orientieren. Dann nähst du die Saumkante im Innenkreis mit einem elastischen Stich fest, starte dabei an einer Seitennaht.

Nun ist dein Jerseykleid fertig. Viel Freude damit!

VARIANTE

Möchtest du im Kleid Split keine Naht in der Mitte? Dann klappst du bei deinem Schnittteil einfach die 1cm Nahtzugabe in der vorderen und hinteren Mitte um und legst dein Schnittteil direkt an den Stoffbruch. Somit bekommst du ein ganzes Vorder- und Rückteil ohne Teilungsnaht!

HOODIE HUSUM

MIT BAUCHTASCHE

Bei diesem Modell lernst du

- Jersey zu verarbeiten
- Kapuze
- Raglanärmel
- Bauchtasche aufzunähen
- Bündchenverarbeitung

Material

- Jerseystoff, einfarbig, bei 140cm Stoffbreite:
  Gr. 128–146: 1,30m
  Gr. 152–164: 1,50m
- 0,50m Jerseystoff, geringelt
- 0,20m Bündchenware, farblich passend

Zuschnitt

- Aus Jerseystoff:
  1x Vorderteil
  1x Rückteil
  2x Ärmel
  1x Tasche
  2x Kapuze außen
- Aus Jerseystoff geringelt:
  2x Kapuze innen
- Aus Bündchenware:
  1x Saumbund
  2x Armbündchen

Bei allen Schnittteilen ist die Naht- und Saumzugabe bereits enthalten.
Die Nahtzugabe beträgt überall 1cm, außer am Tascheneingriff 2cm.

Hoodielänge

	Gr. 128	Gr. 134	Gr. 140	Gr. 146	Gr. 152	Gr. 158	Gr. 164
Länge ab Schulter	47cm	49,5cm	52cm	55 cm	58cm	61cm	64cm

TIPP

Bei Jersey musst du darauf achten, dass die Nähte elastisch sind, weil sich der Stoff dehnt. Deshalb verwende für die Naht einen flachen Zickzackstich und versäubere die Nahtzugabe zusammen. Falls du schon Übung mit der Overlockmaschine hast, kannst du natürlich diese verwenden.

1. Du beginnst damit, die Bauchtasche ringsherum zu versäubern. Anschließend bügelst du den Tascheneingriff auf beiden Seiten 2 cm nach innen.

TIPP: Es ist wichtig, immer zuerst mit den Details zu starten, z. B. Taschen aufnähen. Wenn du vorher die Teile zusammennähst, kannst du die Details nicht mehr schön aufnähen, weil der Stoff nicht mehr flachliegt.

2. Nun wird der Einschlag von der Innenseite an der Innenkante mit elastischem Stich festgenäht.

TIPP: Bei Jersey beginnst du am besten mit dem Geradstich. Sobald die Nähmaschine gut transportiert, schaltest du auf den elastischen Stich um.

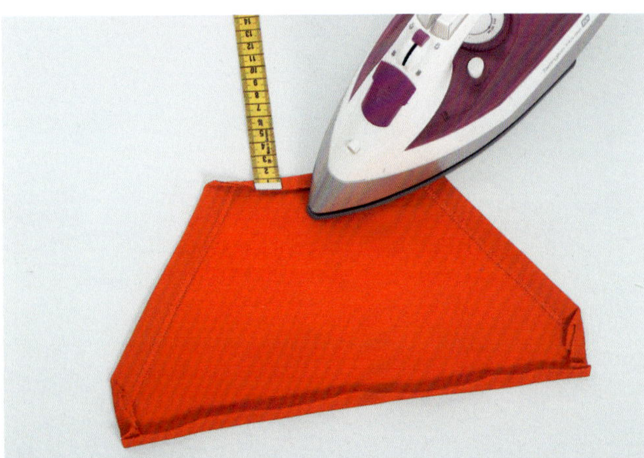

3. Anschließend wird die Tasche an den restlichen Kanten 1 cm nach innen umgebügelt.

4. Nun platzierst du die vorbereitete Tasche auf die markierten Punkte auf dem Vorderteil und steckst sie oben, seitlich und unten fest. Jetzt nähst du die Tasche an den gesteckten Seiten knappkantig mit einem elastischen Stich fest. An den beiden Ecken biegst du einfach ab.

5. Nun werden die Ärmel an das Vorder- und Rückteil gesteckt. Anschließend nähst du diese vier Nähte und versäuberst sie zusammen.

Wichtig: Beim Nähen muss der Ärmel direkt auf dem Vorder- oder Rückteil liegen. Erst später wird er nach außen geklappt. Jetzt bügelst du die Nahtzugaben in Richtung Ärmel.

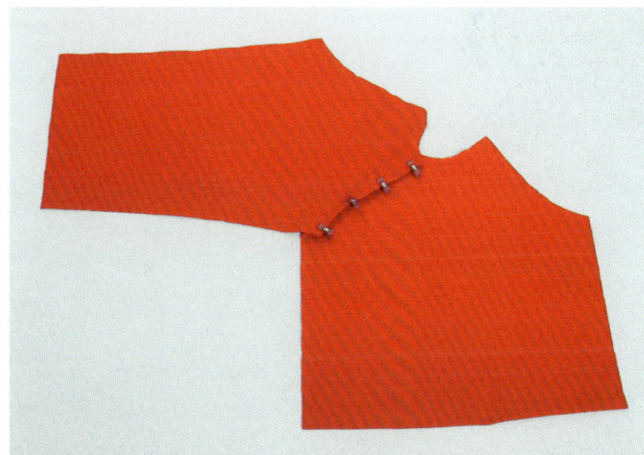

6. Die Außenkapuzenteile schön auf schön legen und die Innenkapuzenteile auch. Stecke beide mit Klammern im runden Kopfbereich zusammen und nähe diese beiden Nähte.

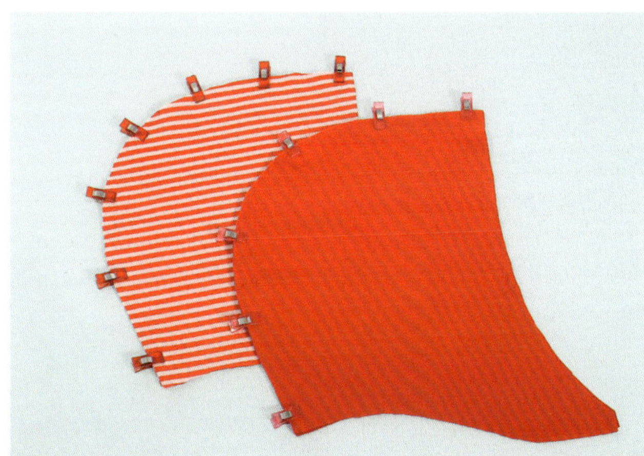

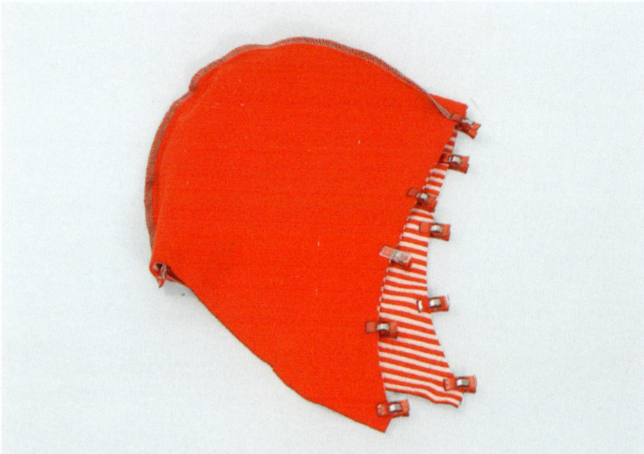

7. Außenkapuze und Innenkapuze schön auf schön legen und die vordere Kante (nicht das Halsloch, das hat Knipse) stecken und nähen.

Anschließend wendest du die Kapuze, bügelst die vordere Kante und steppst sie bei ca. 2 cm mit einem elastischen Stich ab.

TIPP: Wenn du über Nähte nähst, klappst du die Nahtzugaben am besten in unterschiedliche Richtungen, dann liegen sie flacher.

8. Nun steckst du die Kapuze an der Unterkante zusammen und achtest darauf, dass die Knipse und die Mittelnaht aufeinandertreffen. Jetzt nähst du diese Strecke füßchenbreit. Das ist nur eine Hilfsnaht, man soll sie später nicht sehen.

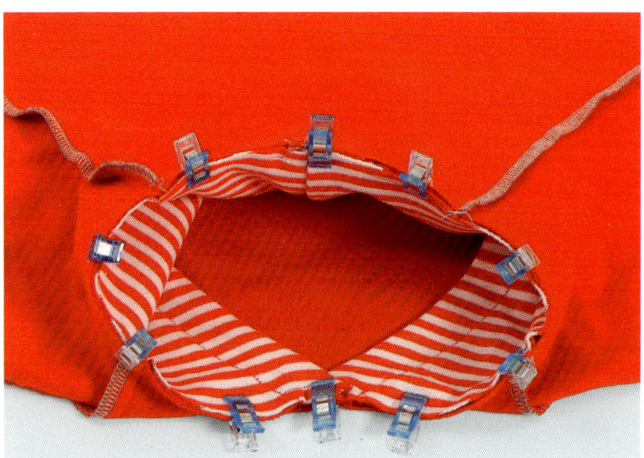

9. Jetzt steckst du die Kapuze in das Halsloch, dabei zeigt die Außenkapuze auf die schöne Seite vom Pullover. Achte darauf, dass die Knipse von der Kapuze auf die Nähte vom Pullover treffen. Die Kapuzenmittelnaht muss auf die hintere Mitte vom Pullover treffen. In der vorderen Mitte wird die Kapuze ein kleines Stück übereinandergelegt.

10. Jetzt wird die Kapuze in einer Runde in das Halsloch genäht. Du nähst am besten im Innenkreis und startest an der Seite. Anschließend wird diese Naht zusammen versäubert.

Nun ist die Kapuze dran – toll!!

11. Stecke nun die Seitennähte und Ärmelnähte, die Teile liegen dabei schön auf schön, und nähe sie anschließend zusammen. Achte darauf, dass sich die Naht vom Ärmel trifft und dass du am Übergang von der Ärmelnaht zur Seitennaht eine Rundung nähst und keine Ecke. Diese Nähte auch zusammen versäubern.

12. Saumbund und Armbündchen schön auf schön legen und das kurze Stück aufeinanderstecken und nähen. Danach bügelst du diese Nähte auseinander.

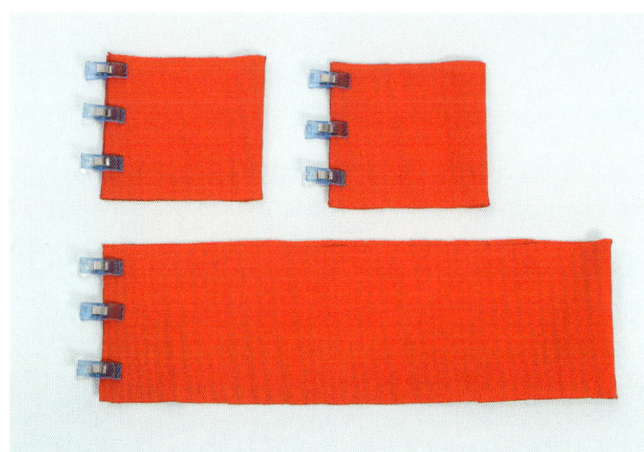

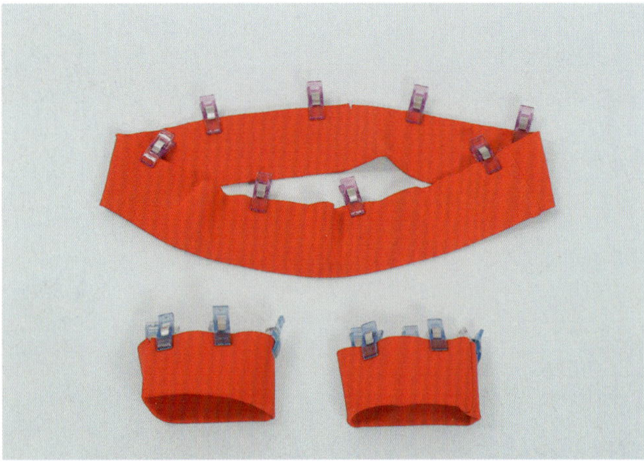

13. Nun klappst du die Bündchen zur Hälfte um, sodass die schöne Seite außen ist und die Nahtzugabe nach innen zeigt. Jetzt steckst du bei allen drei Teilen die offene Kante mit Klammern ringsherum zusammen.

14. Schiebe den Saumbund unten schön auf schön in den Pullover. Die Naht von dem Bündchen muss auf die Seitennaht treffen, und die Knipse müssen auch aufeinandertreffen.

Nun empfiehlt es sich wieder, zu zweit zu arbeiten. Einer dehnt von innen das Bündchen auf die Weite des Pullovers, und der andere klammert das Bündchen fest. An den Ärmeln nach dem gleichen Prinzip arbeiten. Die Bündchennaht trifft auf die Unterarmnaht.

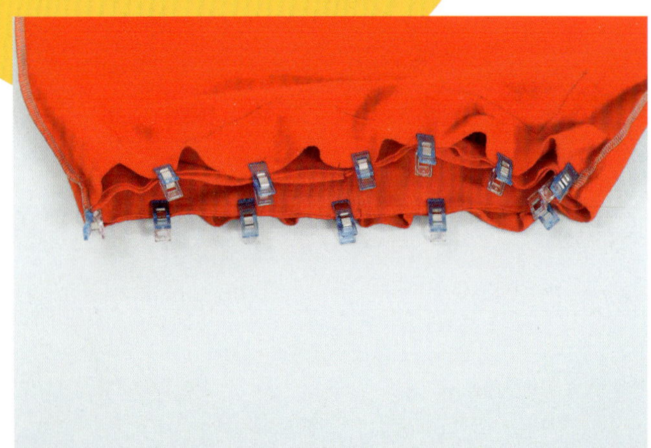

15. Wenn der Pullover gleichmäßige Wellen zeigt, hast du alles richtig gemacht, die Weitenverteilung stimmt. Nun nähst du im Innenkreis die Bündchen an Saum und Ärmeln fest, dabei musst du die Bündchenware auf die Weite vom Pullover dehnen und währenddessen das Bündchen annähen. Anschließend werden diese Nähte versäubert.

Jetzt darfst du endlich den Pullover drehen, dein Hoodie ist fertig!

Hoodie Husum von vorn

Hoodie Husum von hinten

KLEID KURKUMA

MIT GROßEN EINGRIFFTASCHEN UND ANGESETZTEN ÄRMELN

Bei diesem Modell lernst du

- runde Eingrifftaschen
- Halsloch mit Beleg
- Ärmel einzusetzen

Material

- Popeline (oder anderen Baumwollstoff), bei 140 cm Stoffbreite:
  Gr. 128–146: 1,20 m
  Gr. 152–164: 1,30 m
- Canvas gemustert (oder anderen festeren Baumwollstoff),
  Gr. 128–146: 0,50 m
  Gr. 152–164: 0,60 m
  (bei diesem Modell wurde van Handel Stoff Canvas berry print verwendet)
- 0,20 m dünne Einlage oder Vlieseline

Zuschnitt

- Aus Popeline:
  1x Vorderteil
  1x Rückteil
  2x Ärmel
  1x vorderer Halslochbeleg, vor dem Zuschnitt mit Einlage bekleben
  1x hinterer Halslochbeleg, vor dem Zuschnitt mit Einlage bekleben
  1x vorderer Taschenbeutel
- Aus Canvas:
  1x unteres Vorderteil

Bei allen Schnittteilen ist die Naht- und Saumzugabe bereits enthalten.
Die Nahtzugabe beträgt 1 cm, am Halsloch und am Tascheneingriff jedoch 7 mm, am Saum und Ärmelsaum 3 cm.

Kleiderlänge

	Gr. 128	Gr. 134	Gr. 140	Gr. 146	Gr. 152	Gr. 158	Gr. 164
Länge ab Schulter	65 cm	68,5 cm	72 cm	75,5 cm	79 cm	82,5 cm	86 cm

1. Lege den vorderen Taschenbeutel schön auf schön auf das untere Vorderteil. Die runden Tascheneingriffe sollen auf beiden Seiten exakt aufeinanderliegen. Stecke die Tascheneingriffe und das obere Querstück mit Klammern aufeinander. Die gesamte Strecke wird jetzt füßchenbreit genäht, an den beiden Ecken biegst du ab.

2. Die Nahtzugabe oben an den Ecken darfst du wie auf dem Foto abschneiden, aber nicht zu viel. Das macht man, damit die Ecken nachher flach sind und schöner aussehen.

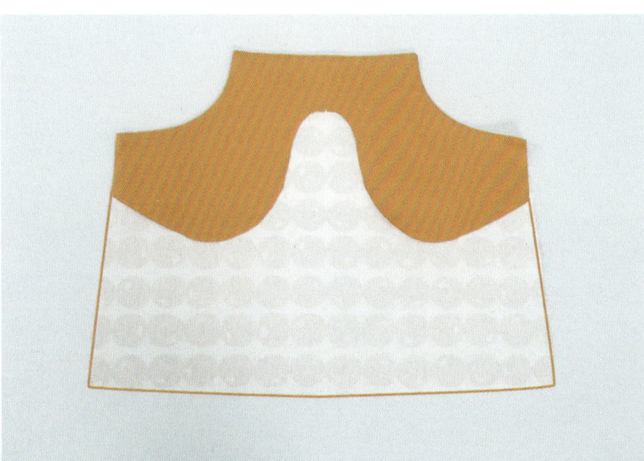

3. Nun klappst du den Taschenbeutel nach innen. Achte darauf, dass du die Ecken mit einer stumpfen Schere oder einem Essstäbchen von innen schön spitz ausstülpst. Anschließend bügelst du die Tascheneingriffe von der Rückseite, das Taschenfutter darf später nicht auf der schönen Seite rausblitzen.

4. Jetzt wird das obere Vorderteil auf das untere Vorderteil gelegt. Von beiden Teilen siehst du die Rückseite des Stoffes. Achte darauf, dass die Taschenbeutel schön aufeinanderliegen und die Knipse sich treffen. Nun klammerst du die beiden Taschenbeutel zusammen.

5. Danach darfst du die Taschenbeutel im gesamten Bereich der Rundung zusammennähen. Du startest an der einen und endest an der anderen Seite. In der Mitte nähst du noch ein Stück nach oben, sodass man später nicht durchgreifen kann!

Wichtig: Wenn du die Taschenbeutel aufeinandernähst, musst du darauf achten, dass du nicht das untere Vorderteil mitnähst! Anschließend versäuberst du die Taschenbeutel zusammen.

6. Nun drehst du das Ganze um, dass die schöne Seite oben liegt. Der Tascheneingriff muss an der Seite auf den Knips zeigen, verwende zum Fixieren eine Stoffklammer. Das obere Querstück befestigst du mit Stecknadeln. Nun steppst du das obere Querstück knappkantig ab. Seitlich nähst du zur Sicherheit auch alle 3 Stofflagen ein kurzes Stück knappkantig aufeinander.

7. Jetzt legst du das Vorderteil schön auf schön auf das Rückteil und steckst oben die beiden Schulternähte aufeinander. Anschließend nähst du diese beiden Nähte und versäuberst sie zusammen. Die Schulternähte werden in das Rückteil gebügelt.

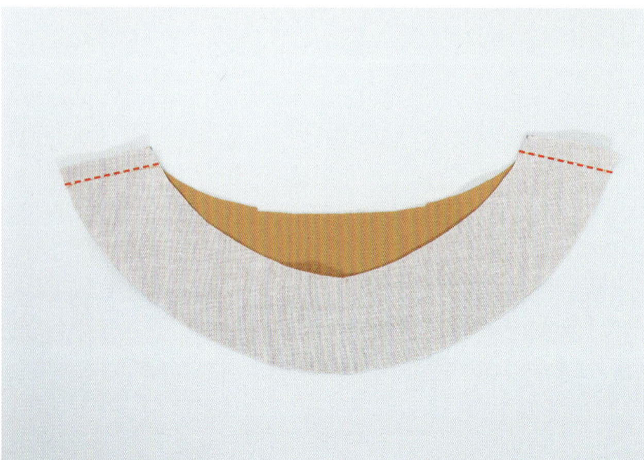

8. Nun wird der vordere und hintere Halslochbeleg schön auf schön aufeinandergelegt. Auch hier werden jetzt die Schulternähte genäht.

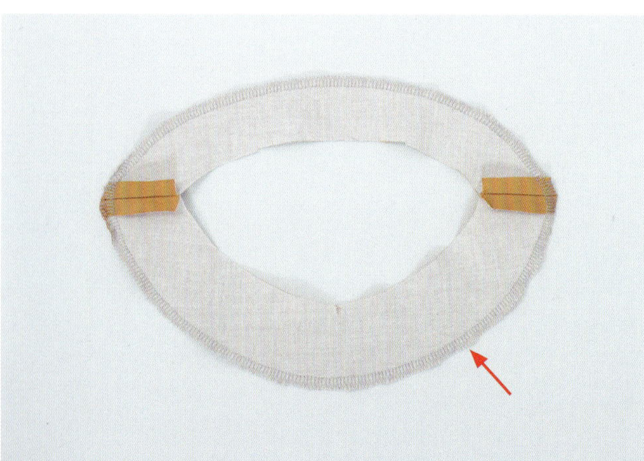

9. Bügle die Schulter-Nahtzugabe des Halslochbeleges von innen auseinander und versäubere die große Außenrundung ringsherum.

10. Nun legst du den Halslochbeleg schön auf schön auf das Vorder- und Rückteil, sodass die Halslochrundung genau aufeinanderpasst und die Schulternähte aufeinandertreffen. Klammere beide Stofflagen zusammen, damit nichts verrutscht. Anschließend nähst du diesen geklammerten Halsloch-Kreis füßchenbreit.

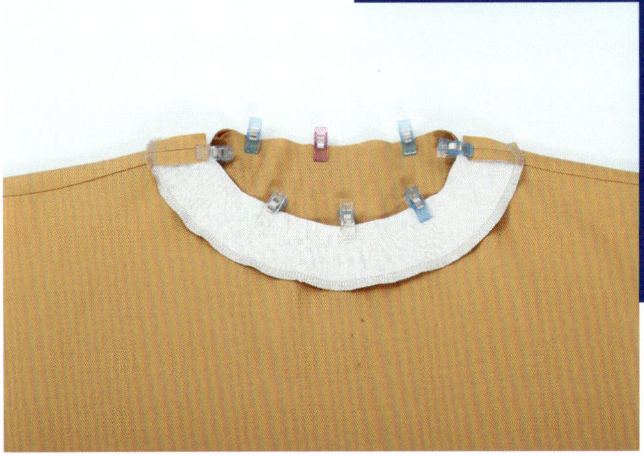

11. Jetzt wird der Halslochbeleg nach innen geklappt und gebügelt. Stecke den Beleg von der Innenseite mit Stecknadeln fest, damit nichts verrutscht. Anschließend nähst du von der Innenseite den Beleg füßchenbreit zum Rand fest. Starte an der Schulternaht und nähe dann den großen Kreis, bis du wieder am Anfang ankommst.

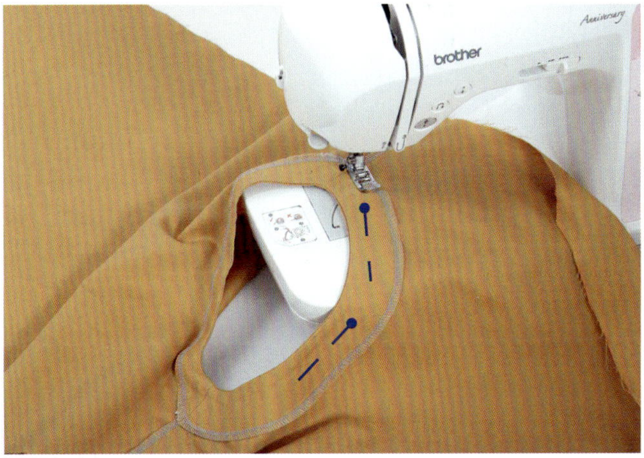

12. Nun legst du den einen Ärmel schön auf schön auf das Vorder- und Rückteil, die Knipse zeigen dir den Anfang und das Ende und dienen zur Orientierung. Achte darauf, dass der Ärmel oben liegt. Nun nähst du den Ärmel an.

Wichtig: Beim Nähen muss der Ärmel direkt auf dem Vorder- und Rückteil liegen. Erst später wird er nach außen geklappt! Das Gleiche machst du dann mit dem zweiten Ärmel. Anschließend wird diese Naht zusammen versäubert und in Richtung Ärmel gebügelt.

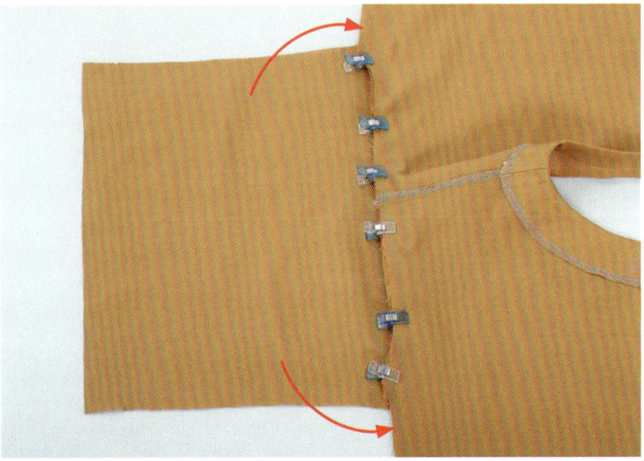

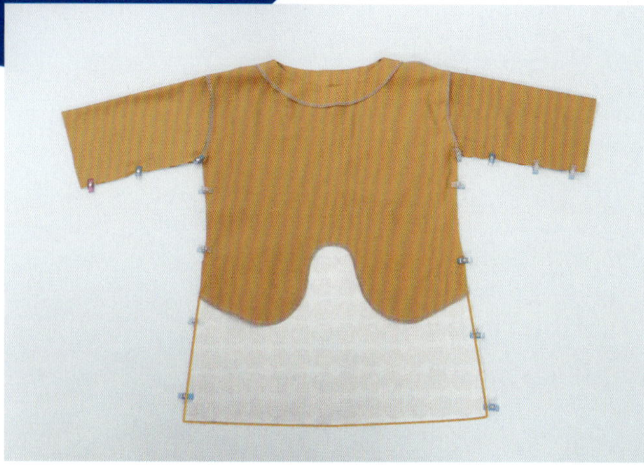

13. Jetzt wird das Vorderteil schön auf schön auf das Rückteil gelegt, und der Ärmel zur Hälfte gefaltet. Stecke dir Klammern über diese lange Strecke und achte darauf, dass die Ärmelnaht an der Ecke aufeinandertrifft und die Knipse exakt aufeinanderliegen. Nun nähst du diese lange Strecke, auf beiden Seiten.

14. Achte darauf, dass du an der Ecke unter dem Arm eine leichte Rundung nähst.

Anschließend die Nahtzugabe zusammen versäubern. Jetzt auch den Saum und die Ärmelsäume versäubern, die Seitennaht-Nahtzugabe soll ins Rückteil zeigen. Wende das Kleid, sodass die schöne Seite außen ist.

15. Klappe die Saumkante und den Ärmelsaum 3 cm nach innen und bügle sie um. Nun legst du dein Kleid so unter die Nähmaschine, dass du im Innenkreis nähst. Achte darauf, dass dein Nähfuß an dem linken Rand vom Einschlag entlangläuft. Beginne an der Naht und nähe die Runde, bis du wieder zum Anfang kommst. Bei den Ärmeln machst du das genauso. Und fertig ist dein Kleid Kurkuma!

HOODIEKLEID FLORIDA

MIT BAUCHTASCHE

Bei diesem Modell lernst du

- Jersey zu verarbeiten
- Kapuze
- Raglanärmel
- Bauchtasche aufzunähen
- Bündchenverarbeitung

Material

- Jerseystoff, bei 140 cm Stoffbreite:
  Gr. 128–146: 1,80 m
  Gr. 152–164: 2,00 m
  (bei diesem Modell wurde van Handel Stoff Big Berry Jerseystoff verwendet)
- 0,20 m Bündchenware, farblich passend

Zuschnitt

- Aus Jerseystoff:
  1x Vorderteil
  1x Rückteil
  2x Ärmel
  1x Tasche
  2x Kapuze außen
  2x Kapuze innen
- Aus Bündchenware:
  2x Armbündchen

Bei allen Schnittteilen ist die Naht- und Saumzugabe bereits enthalten.
Die Nahtzugabe beträgt überall 1 cm, außer am Tascheneingriff und am Saum 2 cm.

Kleiderlänge

	Gr. 128	Gr. 134	Gr. 140	Gr. 146	Gr. 152	Gr. 158	Gr. 164
Länge ab Schulter	68 cm	71 cm	74 cm	77,5 cm	81 cm	84,5 cm	88 cm

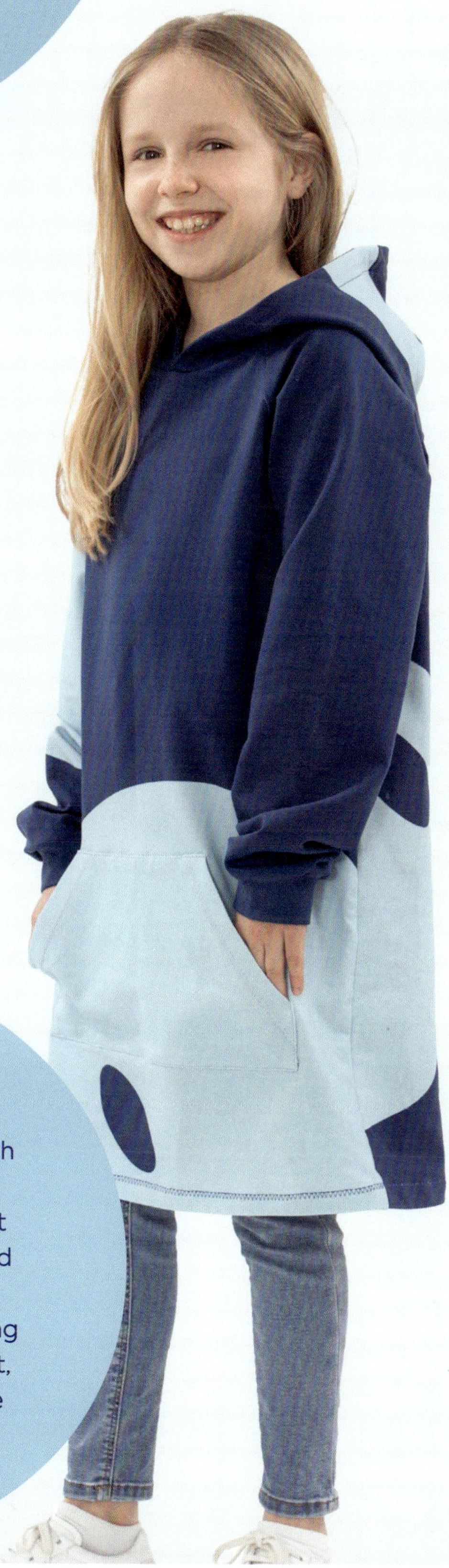

TIPP

Bei Jersey musst du darauf achten, dass die Nähte elastisch sind, weil sich der Stoff dehnt. Deshalb verwende für die Naht einen flachen Zickzackstich und versäubere die Nahtzugabe zusammen. Falls du schon Übung mit der Overlockmaschine hast, kannst du natürlich auch diese verwenden.

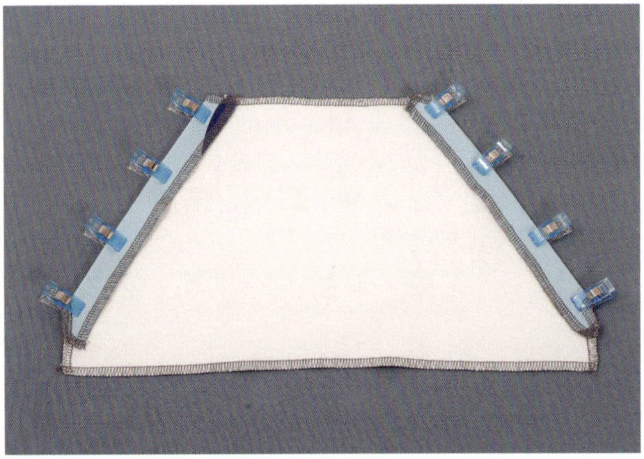

1. Du startest damit, die Bauchtasche ringsherum zu versäubern. Anschließend bügelst du den Tascheneingriff auf beiden Seiten 2 cm nach innen und steckst den Einschlag mit Klammern fest.

2. Nun wird der Einschlag von der Innenseite an der Innenkante mit elastischem Stich festgenäht.

3. Anschließend wird die Tasche an den restlichen Kanten 1 cm nach innen umgebügelt.

4. Nun platzierst du die vorbereitete Tasche auf den markierten Punkten auf dem Vorderteil und steckst sie oben, seitlich und unten fest. Jetzt nähst du die Tasche an den gesteckten Seiten knappkantig mit elastischem Stich fest.
Achtung: Bei diesem Modell ist die Taschenposition wegen dem Stoffmuster relativ weit unten. Am besten du hälst dir das Vorderteil hin und suchst die perfekte Taschenhöhe für dich!

5. Nun werden die Ärmel an das Vorder- und Rückteil gesteckt. Anschließend nähst du diese vier Nähte und versäuberst sie zusammen.

Wichtig: Beim Nähen muss der Ärmel direkt auf dem Vorder- oder Rückteil liegen. Erst später wird er nach außen geklappt. Jetzt bügelst du die Nähte in Richtung Ärmel.

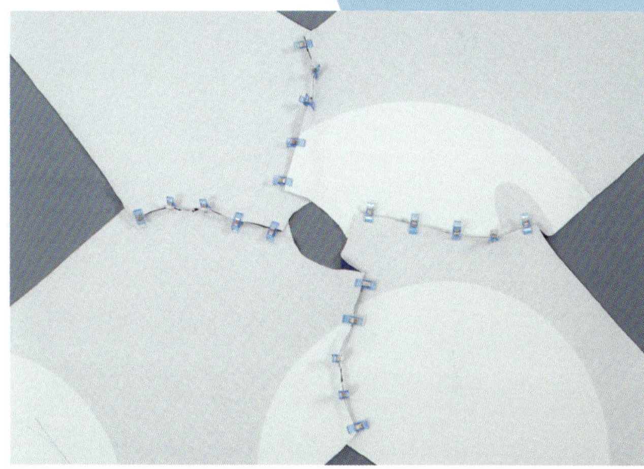

6. Außenkapuzen schön auf schön legen und die Innenkapuzen auch. Stecke sie mit Klammern im runden Kopfbereich zusammen und nähe diese beiden Nähte.

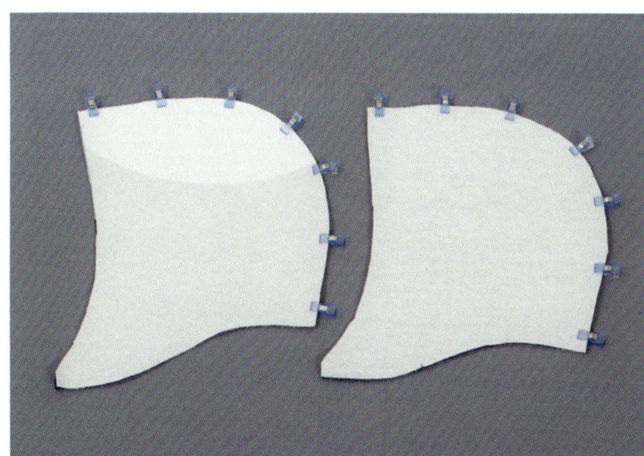

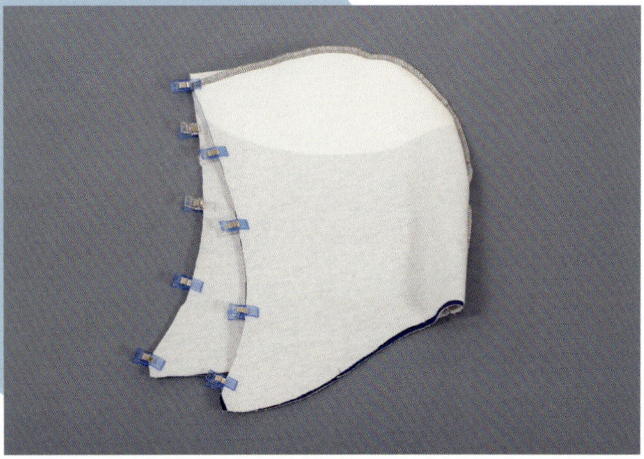

7. Außenkapuze und Innenkapuze schön auf schön legen und die vordere Kante (nicht das Halsloch, das hat Knipse) stecken und nähen. Anschließend wendest du die Kapuze und bügelst die vordere Kante.

8. Nun steppst du den Kapuzenrand bei 2cm mit einem elastischen Stich ab. Anschließend nähst du die Kapuzen an der Unterkante am Halsloch füßchenbreit aufeinander und achtest darauf, dass die Knipse und die Mittelnaht aufeinandertreffen. Das ist nur eine Hilfsnaht, man soll sie später nicht sehen.

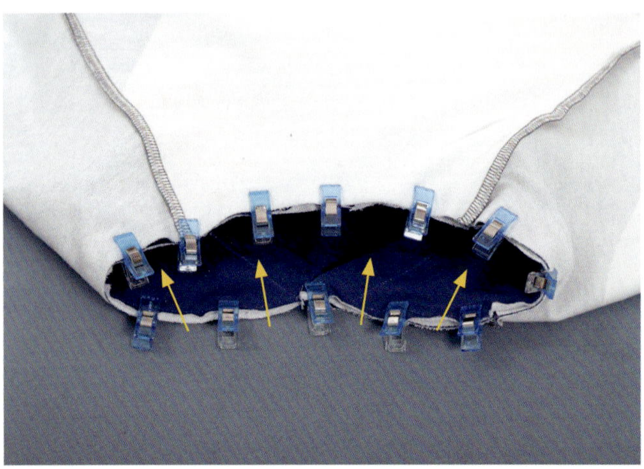

9. Jetzt steckst du die Kapuze in das Halsloch, dabei zeigt die Außenkapuze auf die schöne Seite vom Kleid. Achte darauf, dass die Knipse aufeinandertreffen. Die Kapuzenmittelnaht muss auf die hintere Mitte vom Kleid treffen. In der vorderen Mitte wird die Kapuze ein kleines Stück übereinandergelegt.

Jetzt wird die Kapuze in einer Runde in das Halsloch genäht und diese Naht zusammen versäubert. Puh, Kapuze geschafft!

10. Stecke nun die Seitennähte und Ärmelnähte und nähe sie anschließend, die schöne Stoffseite liegt dabei innen. Achte darauf, dass sich die Naht vom Ärmel trifft und dass du am Übergang von der Ärmelnaht zur Seitennaht eine Rundung nähst und keine Ecke. Diese Nähte auch zusammen versäubern.

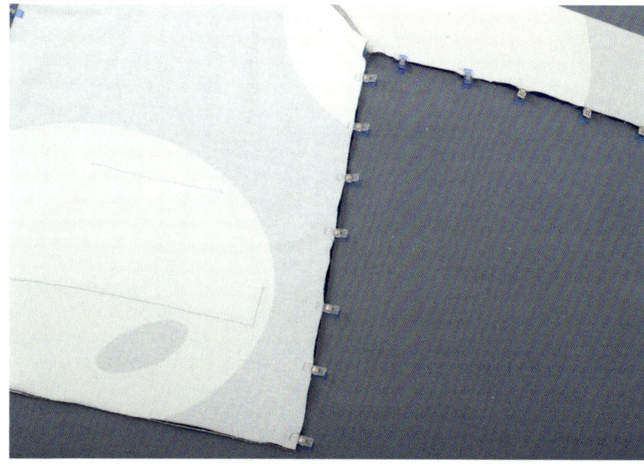

11. Nun die Ärmelbündchen schön auf schön legen und das kurze Stück aufeinanderstecken und nähen. Danach bügelst du diese Nähte auseinander.

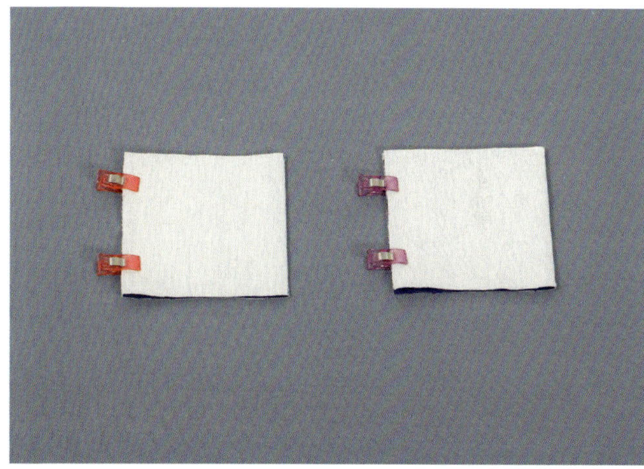

12. Klappe die Armbündchen zur Hälfte um, dass die schöne Seite außen ist und die Nahtzugabe nach innen zeigt. Jetzt steckst du bei beiden Bündchen die offene Kante mit Klammern ringsherum zusammen.

13. Nun schiebst du die Bündchen schön auf schön in den Ärmelsaum. Die Naht vom Bündchen muss auf die Unterarmnaht treffen, und die Knipse müssen auch aufeinandertreffen.

Hier holst du dir am besten wieder Hilfe. Einer dehnt jetzt von innen das Bündchen auf die Weite des Pullovers, und der andere klammert das Bündchen fest. Beim anderen Ärmel macht ihr das genauso.

14. Wenn der Pullover gleichmäßige Wellen zeigt, hast du alles richtig gemacht, dann stimmt die Weitenverteilung.

Nun nähst du im Innenkreis die Ärmelbündchen fest, dabei musst du die Bündchen auf die Weite vom Pullover dehnen und währenddessen das Bündchen annähen.

15. Jetzt wird das Kleid gewendet, dass die schöne Seite außen ist. Nun fehlt noch der Saum unten am Kleid. Dazu bügelst du die Saumkante 2 cm nach innen. Anschließend wird der Einschlag von der Innenseite an der Innenkante mit elastischem Stich festgenäht.

Dein Hoodiekleid ist jetzt fertig! Bravo!

Hoodiekleid Florida von vorn

Hoodiekleid Florida von hinten

KLEID SINGAPUR

MIT ANGESETZTEM FALTENROCK

Bei diesem Modell lernst du

- Jersey zu verarbeiten
- Bündchenverarbeitung
- Ärmel einzunähen
- Falten zu nähen

Material

- Jerseystoff für das Oberteil, bei 140 cm Stoffbreite:
  Gr. 128–146: 0,80 m
  Gr. 152–164: 0,90 m
  (bei diesem Modell wurde van Handel Stoff Jersey big berry print verwendet)
- Baumwollstoff für den Rock, bei 140 cm Stoffbreite:
  Gr. 128–146: 1,00 m
  Gr. 152–164: 1,10 m
  (bei diesem Modell wurde van Handel Stoff Cotton piano print verwendet)
- 0,10 m Bündchenware, farblich passend

TIPP: Falls du einen Stoff verwendest, der stark elastisch ist, kannst du auch das komplette Oberteil aus diesem Stoff machen.

Zuschnitt

- Aus Jerseystoff:
  1x Vorderteil
  1x Rückteil
  2x Ärmel
- Aus Baumwollstoff:
  2x vorderes und hinteres Rockteil
  (im Stoffbruch!)
- Aus Bündchenware:
  1x Halsbündchen

Bei allen Schnittteilen ist die Naht- und Saumzugabe bereits enthalten.
Die Nahtzugabe ist überall 1 cm.

Kleiderlänge

	Gr. 128	Gr. 134	Gr. 140	Gr. 146	Gr. 152	Gr. 158	Gr. 164
Länge Schulter bis Saum	53 cm	54,5 cm	66 cm	68 cm	70 cm	72 cm	74 cm
Länge Faltenrock	34 cm	36 cm	38 cm	40 cm	42 cm	44 cm	46 cm

OBERTEIL NÄHEN

1. Du legst das Vorderteil schön auf schön auf das Rückteil und steckst es oben an den Schultern aufeinander. Nun nähst du die beiden Schulternähte, dann versäuberst du sie zusammen und bügelst die Nähte in Richtung Rückteil.

TIPP: Achte beim Oberteil darauf, dass die Nähte elastisch sind.

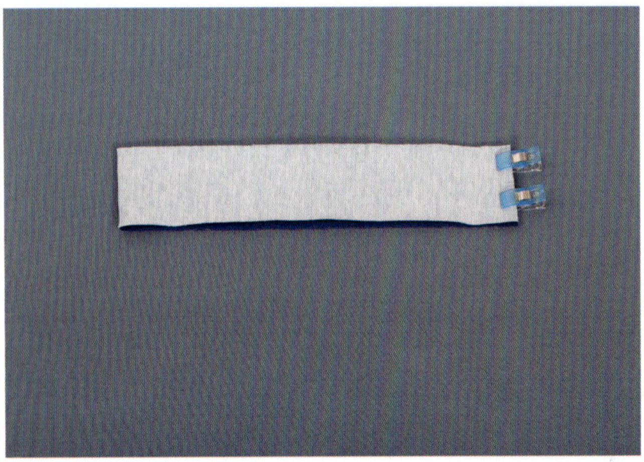

2. Nun legst du das Halsbündchen schön auf schön und steckst das kurze Stück aufeinander. Dann nähst du dieses Stück und bügelst die Nahtzugabe anschließend auseinander.

3. Danach klappst du das Halsbündchen zur Hälfte um. Achte darauf, dass die schöne Seite außen ist und die Nahtzugabe nach innen zeigt. Jetzt steckst du die offene Kante mit Klammern ringsherum zusammen.

4. Jetzt wird das Bündchen unter Dehnung ins Halsloch gesteckt. Die Bündchennaht trifft auf die hintere Mitte vom Rückteil.

TIPP: Diesen Schritt macht ihr am besten zu zweit. Einer dehnt das Bündchen auf die entsprechende Weite, und der andere steckt das Bündchen mit den bereits vorhandenen Klammern im Halsloch fest.

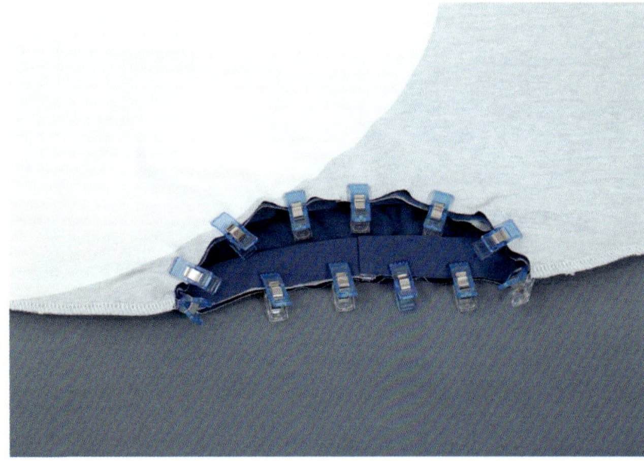

5. Der Zwick vom Bündchen muss exakt auf den Knips vom Vorderteil treffen. Nun nähst du das Halsbündchen im Innenkreis ringsherum in das Halsloch, dabei musst du das Bündchen etwas dehnen! Anschließend wird diese Naht zusammen versäubert und ins Vorder- und Rückteil gebügelt.

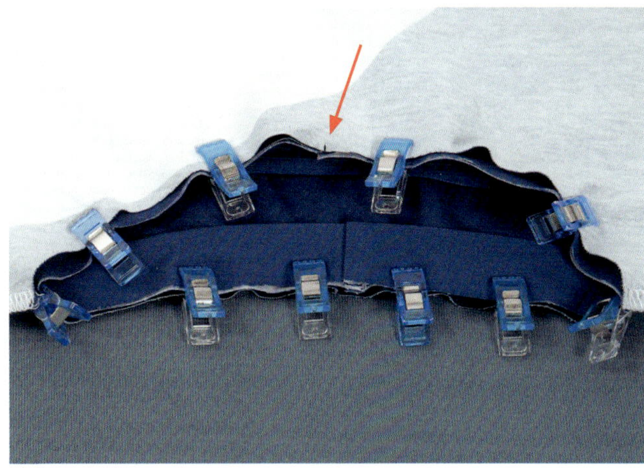

6. Nun legst du die Ärmel schön auf schön auf Vorder- und Rückteil. Achte darauf, dass der Ärmelknips auf die Schulternaht trifft. Dann steckst du die Ärmel fest und nähst beide Ärmel ein.

Wichtig: Beim Nähen muss der Ärmel direkt auf dem Vorder- und Rückteil liegen. Erst später wird er nach außen geklappt. Nun versäuberst du die Nahtzugabe zusammen und bügelst sie in Richtung Ärmel.

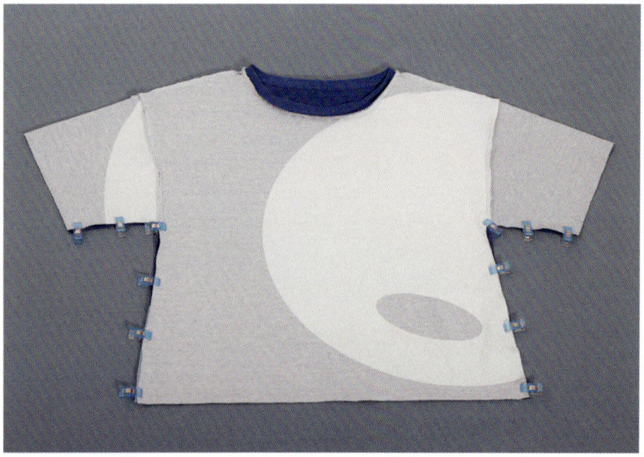

7. Lege nun das T-Shirt mit der schönen Seite aufeinander und stecke die Seiten- und Unterarmnähte. Nun wird diese Naht in einem genäht. Achte darauf, dass sich die Naht vom Ärmel trifft und dass du am Übergang von der Ärmelnaht zur Seitennaht eine Rundung nähst und keine Ecke. Diese Nähte werden dann zusammen versäubert und ins Rückteil gebügelt.

8. Jetzt darfst du dein Oberteil wenden, dass die schöne Seite außen ist. Nun bügelst du den Ärmelsaum 1cm nach innen um. Dann nähst du die Saumkante im Innenkreis mit einem elastischen Stich fest, starte dabei in der Nähe der Naht.

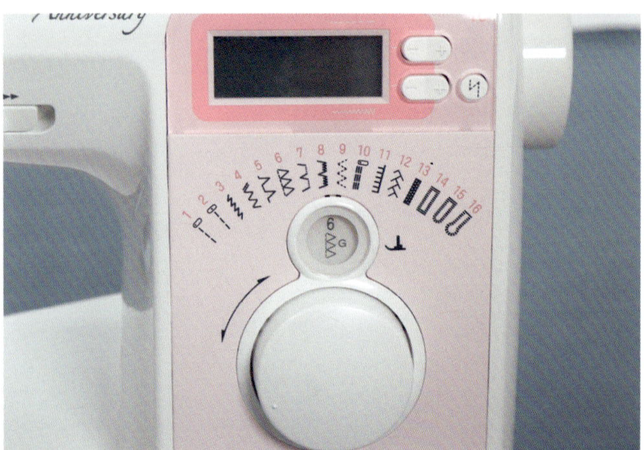

9. Ich verwende für die Säume gerne diesen Zickzackstich, der mit einem Geradstich kombiniert ist. Dabei schaue ich, dass die Nadel links an der Kante vom Saumeinschlag einsticht.

Dein Oberteil ist schon mal fertig!

ROCK NÄHEN

10. Nun legst du die beiden Rockteile schön auf schön und steckst rechts und links die beiden Seitennähte fest. Anschließend versäuberst du die beiden Nähte und die Saumkante vom Rock.

11. Jetzt legst du an der oberen Rockkante die Falten, sie springen zur Mitte hin auf. Drei Knipse sind immer eine Falte. Verwende 2 Stecknadeln pro Falte. Es sind insgesamt 12 Falten.

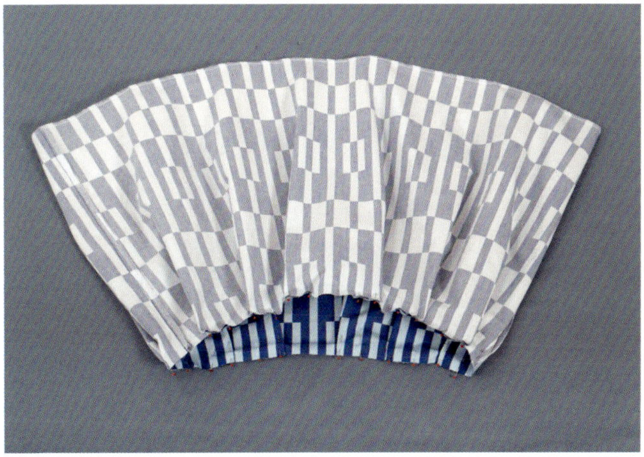

12. Damit die Falten nicht verrutschen, nähst du nun oben im Innenkreis eine Runde füßchenbreit und steppst dabei die Falten fest. Du nähst auf der schönen Stoffseite, dann hast du die Falten genau im Blick. Das ist nur eine Hilfsnaht, man sieht sie später nicht.

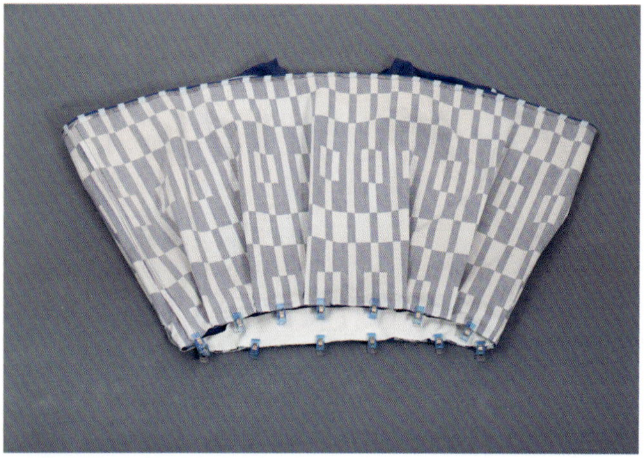

13. Nun nimmst du dein T-Shirt mit der schönen Seite nach außen und schiebst es in den Rock, dass die schönen Seiten sich treffen. Der Saum vom T-Shirt trifft auf die Falten vom Rock. Die Seitennähte und die Mitte von Oberteil und Rock müssen aufeinandertreffen.

Stecke ringsherum Klammern.

14. Anschließend nähst du im Innenkreis das Oberteil an den Faltenrock. Dadurch, dass du jetzt 1cm Nahtzugabe hast, ist die Hilfsnaht, mit der du vorhin die Falten festgenäht hast, später von außen nicht sichtbar. Es ist egal, wo du startest. Danach wird diese Nahtzugabe zusammen versäubert und ins Oberteil gebügelt.

15. Nun wendest du dein Kleid, dass die schöne Seite außen ist. Probiere es an und schaue auf die Länge. Wenn es dir noch zu lang ist, dann machst du einfach einen breiteren Saum. Bügel den Saum nach innen um und nähe ihn im Innenkreis möglichst dicht an der versäuberten Kante fest.

Dein Kleidchen ist fertig!

VARIANTE FALTENROCK MIT GUMMIBUND

Du kannst aus dem Rock von Kleid Singapur auch wunderbar einen extra Faltenrock nähen. Dann gelten für dich nur die Schritte 10–12 von Seite 119.

Gummilängen für den Gummibund

	Gr. 128	Gr. 134	Gr. 140	Gr. 146	Gr. 152	Gr. 158	Gr. 164
Gummilänge für Bund	1x 53cm	1x 54,5cm	1x 66cm	1x 68cm	1x 70cm	1x 72cm	1x74cm

1. Schneide den Gummi für den Bund in der richtigen Länge ab. Kontrolliere die Weite aber vorher noch an deinem Körper. Dann werden die beiden seitlichen Kanten vom Gummi versäubert.

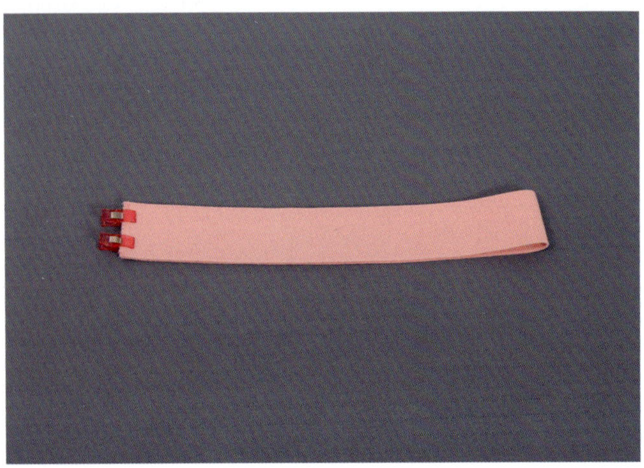

2. Nun legst du den Gummi so, dass die schöne Seite innen ist, und steckst das kurze Stück aufeinander. Das wird dann anschließend mit der Nähmaschine mit 1cm Nahtzugabe genäht.

3. Dann klappst du die Nahtzugabe auseinander und nähst sie mittig mit dem Zickzackstich fest, sodass sie flach liegt. Stichlänge 2 mm, Stichbreite 4,5 mm.

4. Nun faltest du den Gummibund exakt auf die Hälfte und markierst die Mitte mit einer Stecknadel, die du senkrecht in den Gummi steckst.

5. Das Rockteil bereitest du vor, wie in den Schritten 10 bis 12 des Kleides beschrieben. Nun drehst du den Rock so, dass die schöne Seite innen liegt. Jetzt schiebst du den Gummibund mit 1 cm Überlappung in den Rock. Die schöne Seite vom Bund zeigt zu dir.

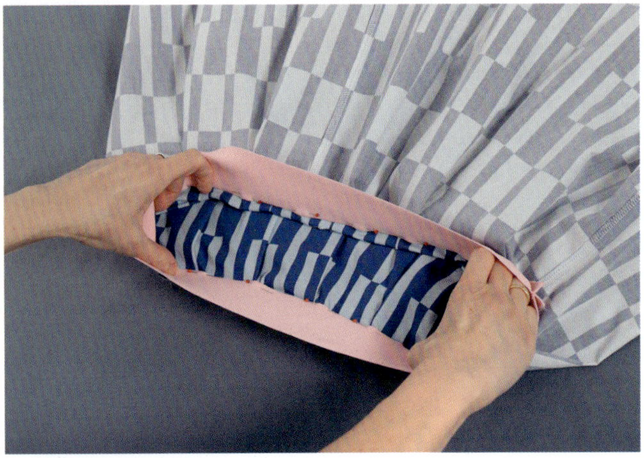

6. Den nächsten Schritt macht ihr am besten zu zweit. Einer dehnt den Gummi so stark, dass er die Weite vom Faltenrock hat. Der andere steckt ringsherum an der unteren Kante vom Gummi Stecknadeln rein. Dadurch wird die Weitenverteilung gleichmäßig.

Achte darauf, dass du genügend Stecknadeln verwendest und dass der Gummibund gleichmäßig 1cm über den Rock reicht.

7. Jetzt nähst du im Innenkreis mit Zickzackstich den Gummibund ringsherum fest. Starte in der Nähe von der Bundnaht. Das ist wirklich was für Profis! Du musst den Gummi während des Nähens auf die Weite vom Faltenrock dehnen.

TIPP: Es geht einfacher, wenn du mit der linken Hand den Gummi hinter dem Nähfüßchen auch etwas dehnst, so kann die Nähmaschine auch besser transportieren.

8. Achte darauf, dass der Zickzackstich (Stichlänge 2mm, Stichbreite 4,5mm) links direkt am Rand vom Gummi einsticht, sozusagen in die Kante. Rechts sticht die Nadel dann in den Gummibund, damit dieser gut hält.

Jetzt darfst du deinen Rock drehen, dass die schöne Seite außen ist. Probiere ihn an und prüfe die Länge.

9. Nun bügelst du den Saum nach innen, der kann auch breiter sein. Dann kannst du deinen Rock später mal länger machen und hast somit lange Freude an ihm. Jetzt nähst du im Innenkreis den Saumeinschlag fest. Starte an einer Seitennaht und versuche, möglichst in der Nähe von der versäuberten Kante zu nähen.

Das hast du super gemacht – dein Faltenrock ist jetzt fertig!

ÜBER DIE AUTORIN

Benedicta Schlegel ist studierte Entwurf- und Schnittdirektrice und Mutter zweier Töchter. Nach 20-jähriger Tätigkeit in der Modebranche, in der sie vom jungen Start-up-Designerlabel bis zum Luxus-Mode-Unternehmen gearbeitet hat eröffnete sie 2014 ihre „Näh dir was“-Schule in München.

Hier zeigt sie, wie zufrieden es macht, mit den Händen zu arbeiten. Ihr Atelier ist ein Ort der Inspiration und Ansporn, die Hürde zu nehmen und sich selbst an die Nähmaschine zu setzen.

Gleich ob Vorkenntnisse vorhanden oder nicht – Benedicta Schlegel weiß, wie Komplexes verständlich erklärt werden kann. So entsteht aus Stoff, etwas ganz Persönliches.

Website: www.naeh-dir-was.com
Instagram: @naehdirwas
E-Mail: kontakt@naeh-dir-was.com

DANK

An dieser Stelle möchte ich mich bei allen bedanken, die zur Verwirklichung dieses Buches beigetragen haben.

Mein erster Dank geht an ‚van Handel Stoffe' in Freiburg, die mit ihrem grafischen Stoffdesign das perfekte Pendant zu meinen klaren Schnitten bilden. Wir haben in Zusammenarbeit für viele Modelle in diesem Buch speziell passende Stoffe in Bio-Qualität entwickelt.

Ein weiterer Dank geht an die Meisterfotografin Elvira Peter. Jeden Schritt bei der Modellentwicklung hat sie optimal fotografiert. Die Zusammenarbeit mit ihr hat mir sehr viel Freude gemacht!

Ein großes Dankeschön geht auch an meine Freundinnen Simone und Annette. Während Simone den kompletten Part „Über die Autorin" übernommen hat, verdanke ich den kreativen Gesprächen mit Annette viele Inspirationen und wertvolle Ratschläge.

Meinem Mann möchte ich danken für die Hilfe in Computerfragen und bei meinen beiden Schwestern Conny und Lizzie für die Textkorrektur und ihren Beistand während der ganzen Buchentwicklung. Da merkt man, wer einem nahe steht!

Zudem möchte ich mich beim Verlag Edition Michael Fischer für die Möglichkeit bedanken, dieses Buch zu realisieren. Zur sympathischen Lektorin Judith Wiedemann hatte ich von Anfang an einen guten Draht, was eine wichtige Basis für das Buchprojekt war. Mit Anja Brinkmann war die Zuammenarbeit ebenfalls sehr positiv. Auf meine Fragen und Wünsche sind beide immer verständnisvoll eingegangen. Danke Judith und Anja!

Und nicht vergessen möchte ich natürlich die unzähligen Freunde meiner kleinen Nähschule, die mich mit ihrer Vorfreude auf das Nähbuch sehr motiviert haben.

IMPRESSUM

Der Verlag bedankt sich bei butinette für das freundliche Materialsponsoring.

Bibliografische Information der Deutschen Bibliothek.

Die Deutsche Bibliothek verzeichnet diese Publikation in der Deutschen Nationalbibliografie.

Detaillierte bibliografische Daten sind im Internet über http://www.dnb.de/ abrufbar.

Alle in diesem Buch veröffentlichten Abbildungen sind urheberrechtlich geschützt und dürfen nur mit ausdrücklicher schriftlicher Genehmigung des Verlags gewerblich genutzt werden. Eine Vervielfältigung oder Verbreitung der Inhalte des Buchs ist untersagt und wird zivil- und strafrechtlich verfolgt. Das gilt insbesondere für Vervielfältigungen, Übersetzungen, Mikroverfilmungen und die Einspeicherung und Verarbeitung in elektronischen Systemen.

Die Projekte aus diesem Buch sind nur für den persönlichen Gebrauch bestimmt oder als Spende an gemeinnützige Organisationen und Einrichtungen sowie als Ausstellungsstücke mit dem Vermerk auf den Urheber:

Design: © 2021 Edition Michael Fischer aus dem Buch „Jetzt näh ich! Die Kindernähschule".

Für die kommerzielle Verwendung der Vorlagen und fertiggestellten Projekte muss die Erlaubnis des Verlags vorliegen.

Die im Buch veröffentlichten Aussagen und Ratschläge wurden von Verfasserin und Verlag sorgfältig erarbeitet und geprüft. Eine Garantie für das Gelingen kann jedoch nicht übernommen werden, ebenso ist die Haftung der Verfasserin bzw. des Verlags und seiner Beauftragten für Personen-, Sach- und Vermögensschäden ausgeschlossen.

Bei der Verwendung im Unterricht ist auf dieses Buch hinzuweisen.

EIN BUCH DER EDITION MICHAEL FISCHER

1. Auflage 2021

© 2021 Edition Michael Fischer GmbH, Donnersbergstr. 7, 86859 Igling

Cover: Suparada Ströbel

Layout und Satz: Suparada Ströbel, Pia von Miller

Lektorat und Projektmanagement: Judith Wiedemann, Anja Brinkmann

Illustration: Pia von Miller

Bilder: © Patrick Wittmann, München (Aufmacherfotos); © Elvira Peter (Schritt- und Grundlagenfotos)

ISBN 978-3-7459-0312-6

Gedruckt bei Polygraf Print, Čapajevova 44, 08001 Prešov, Slowakei

www.emf-verlag.de